① むろ節
② さば枯節
③ さば裸節
④ 鮭　節
⑤ かつお荒節
⑥ かつお枯節（カビづけかつお節）
⑦ 宗田節
⑧ 焼きあご
⑨ うるめ節
⑩ さば削り節
⑪ 鮭削り節
⑫ かつお削り節（荒節の削り節）
⑬ かつお節削り節（枯節の削り節）
⑭ 煮干し
⑮ うるめ削り節
⑯ かつお荒節厚削り節
⑰ かつお枯節厚削り節

写真１　だし素材となるさまざまな節類
（試料提供：株式会社マルモ）

の本草書に盛んに謳われているだしの効用が、このことを物語っている。だからこそ、それぞれのだしをベースにした料理が生まれ、やがてその地域固有の食文化が形成されていったのであろう。

本書では、日本のだしを中心に、私たち日本人がだしとどのようにかかわってきたのかについて「歴史資料」を繙《ひもと》き、さらに他の国や地域での「フィールド調査」を行い、地域間での共通点や相違点を比較した。そして、その裏づけのために、だしのおいしさにかかわる成分の分析や、異なる食文化をもつ民族間でのだしの官能評価を行い、「調理科学的」知見も加えた。また、だしへの嗜好性が高かっただけでなく、〝からだによかった〟からこそ食べ続けてきたという歴史的事実を踏まえながら、だしの「健康機能」についても紹介する。

人類が長い年月にわたって親しんできた〝だし〟に多くの秘密がないはずがない。それでは、「だしの世界」を探訪しながら、その秘密を解き明かしていこう。

二〇〇九年九月

河野一世

目次

# 第1章
# 「だし」へのアプローチ

とりたての「だし」

# 1 「だし」とは

東洋の端に位置する日本。今、私たちが享受している文化のほとんどが、中国など大陸伝来のものであり、食も例外ではない。そのなかで、「かつお節だし」と「昆布だし」は、数少ない日本固有のものであり、**料理の要**として、日本の食事文化の中核を担ってきた。

**だし**について、辞書には「うま味成分を多く含む食品を水に浸漬、または煮出して成分を溶出させた汁。…」と紹介されている。煮出す場合はもとより、昆布や干ししいたけのように、水戻しすることによって浸し汁にうま味成分が溶け出す場合にも、「だし」として利用してきた。さらに、「…西洋料理ではスープストックまたはブイヨン、中国料理では湯《タン》という。日本料理のだしとしてはかつお節だし、煮干だし、昆布だしなどがあり、汁ものの他、煮物などにも利用される。…」とあるように、日本だけでなく、世界に冠たる食文化を築いてきたフランス料理や中国料理でも、「だし」がつくられ、料理のベースとして使われてきた。

本章では、「だし」とはいったい何か、料理のなかでの「だしの役割」や、「だしのおいしさを構成する要素」などについて概観してみよう。

ここで扱うだしは、料理のベースとしてあらかじめ調製され、料理に利用されてきた「だし」を中心に話を進めることとする。

## 2 「だし」のおいしさ

でき上がった料理を前にして〝おいしい〟と感じるとき、私たちはそれを何で判断しているのだろうか。

「もの」を食べるときにはまず、その食べ物を目でみて（**視覚**）、香りをかぎ（**嗅覚**）、舌で味わいながら（**味覚**）、舌触りや歯触り（**触覚**）、噛む音（**聴覚**）など、まさに**五感**を総動員して味わっている。その間にさまざまな成分が唾液に溶け出し、口から鼻に抜ける独特の香気を風味として感じて、おいしいという満足感を覚える。**味と香り**が中心的な役割を担っているといえよう。

かつお節や昆布の味や香りの成分は、だしとして溶け出し、料理そのもののおいしさを左右する。したがって、「味」と「香り」はだしの重要な要素ということになる。

やや視点が違うが、そのほかに、だしをとるときには、水の存在が不可欠である。「だし素材」と「素材の呈味成分が溶け出す水」との相性も実は重要な要素のひとつである。それでは、だしのおいしさを特徴づける要素について、もう少し詳しくみてみよう。

はじめに、味わう前にまず感じる「香り」から話をすすめよう。

## 1 香り

日本のだしでいえば、「かつお節だし」は**燻煙の香り**が命といわれる。かつお節づくりの段階で、かつお節に**いかによい香りを付与することができるか**ということが、だしの香りを左右する（かつお節工程で詳述）。一方、「昆布だし」では、収穫したばかりの昆布でとっただしでは磯臭さの残るものがあるが、かつお節の燻煙臭のような特徴的な香りはない。したがって、昆布だしでは、採りたての昆布を使うのではなく、**少し時間をおいて、磯くささが抜けるのを待つ方法**が昔からとられてきた。後述の永平寺などに納められる最上級の利尻昆布は、「蔵囲い」といって二〜三年寝かせることによって、芳醇な香りに変わっていくのを待つというものである。このように、歴史的にみると、だしに反映される素材由来の香りを少しでもよいものにする工夫がなされてきた。

これに対して、「中国料理の湯《タン》」や「西洋料理のブイヨン」などは生肉を煮出すので、だしをとる段階で、肉の臭みを除いたり、さらに好ましい香りづけをするために、香味野菜や香辛料を加える。

だしの種類による違いこそあれ、香りの除去や付与などに対してさまざまな方法がとられてきたことは、**だしのなかで「香り」が重要な構成要素**であることを物語っている。

次に、だしの構成要素のなかでも最も中心的な役割をもつ「味」についてみてみよう。

## 2 味

「だしのおいしさにかかわる呈味成分」としては、グルタミン酸などの**遊離アミノ酸**、**核酸関連物質**、**ペプチド***、**有機酸**、**有機塩基**、**糖類**、**ミネラル（無機質）**などがあげられる。一つひとつは非常に微量の存在であっても、これら多くの成分が合わさってだしのおいしさをつくり上げている。音楽でいえばオーケストラのようなものだろう。また、ゼラチン、多糖類、タンパク質などの影響も大きいと考えられる。最近では、分析技術の進歩により、高分子成分から低分子成分まで、それぞれの成分の果たす役割がかなり明らかになりつつある。

ここでは、だしのおいしさの決め手である〝うま味〟と、最近の研究からその役割が明らかになりつつある〝こく〟について述べる。

＊**ペプチド**：2個以上のアミノ酸が結合したもの。

### (1) うま味

**うま味**は、甘味、酸味、塩味、苦味と並ぶ「五基本味」（他の味を混ぜてつくることのできない独特の味であり、その味情報を伝達する神経が独立して存在する）のひとつである。栄養素としてのタンパク質の摂取シグナルであり、生理学的にも重要な**うま味の成分**は、どのだしにも共通している。

一般的に、**だしは〝植物性〟と〝動物性〟の材料を組み合わせてつくることが多い**。

野菜や海藻に多く含まれるうま味成分は、アミノ酸であるグルタミン酸やアスパラギン酸、核酸関連物質であるグアニル酸などであり、肉や魚に多く含まれるうま味成分は、主として核酸関連物質であるアデニル酸やイノシン酸などの成分で構成されている。そして、そのなかの**グルタミン酸、イノシン酸、グアニル酸**の三成分が、だしの〝うま味の要〟である。

さらに、このアミノ酸と核酸関連物質が合わさることによって、うま味が飛躍的に強くなること（**うま味の相乗効果**）が知られている（詳しくは第3章で述べる）。

## ⑵ こく

**こく**は「こく味」ともいわれ、「総合的質量感、深みのある濃厚な味わい」「こくは酷と表し、本来中国で穀物の熟したことをあらわしたところから酒などの深みのある濃い味わい」（調理科学事典、広辞苑）などと説明されている。**味の深みや、ひろがり、厚みなどと関連**があるといえる。その成分は、アミノ酸、核酸関連物質、ペプチドなどの「低分子成分」と、グリコーゲン、水溶性タンパク質などの「高分子成分」が**複合した味**で、それぞれの食品には、それぞれのこくがあるといわれている。

こくに関する研究も多く行われており、牛肉汁の成分のなかの、有機酸の酸味とは異なる

〝厚みのある酸味〟がこくに関与していることが見いだされている。また、にんにくをさまざまな料理に使うと味の持続性、充実感、厚みなどが強まり、おいしくなることはよく知られているが、にんにく中の含硫化合物（アリインやグルタチオンなど）が、こくに関与することなども明らかにされている。★1

### ⑶　水との相性

「だし」は媒介となる**水**の存在が必須であるが、水そのものの性質もさまざまである。その「水の性質を表す指標」のひとつに**硬度**がある。水の硬度は、その地域の気候、風土、地形などと深く関係している。〝だしは水の硬度によって美味《うま》くも不味《まず》くもなる〟とは、プロの料理人の弁である。それぞれの国や地域の水とだし素材との相性もありそうである。詳細はブイヨンやかつお節だしの項で述べる。

**水の硬度**とは、水の中に含まれるカルシウムとマグネシウムの総含有量の指標で、これらの含有量の多い水を**硬水**、少ない水を**軟水**という。世界保健機関（WHO）のガイドラインでは、〇～六〇が**軟水**、六〇～一二〇が**中程度の軟水**、一二〇～一八〇が**硬水**、一八〇以上が**非常な硬水**とされている（ちなみに日本では、一〇〇以下を**軟水**、一〇〇～三〇〇を**中硬水**、三〇〇以上を**硬水**としている）。世界の主な地域における水の硬度を図1－1に示した。日本は、沖縄など硬度二〇〇を超える地域もあるが、平均すると約七割が六〇以下である。欧州の水

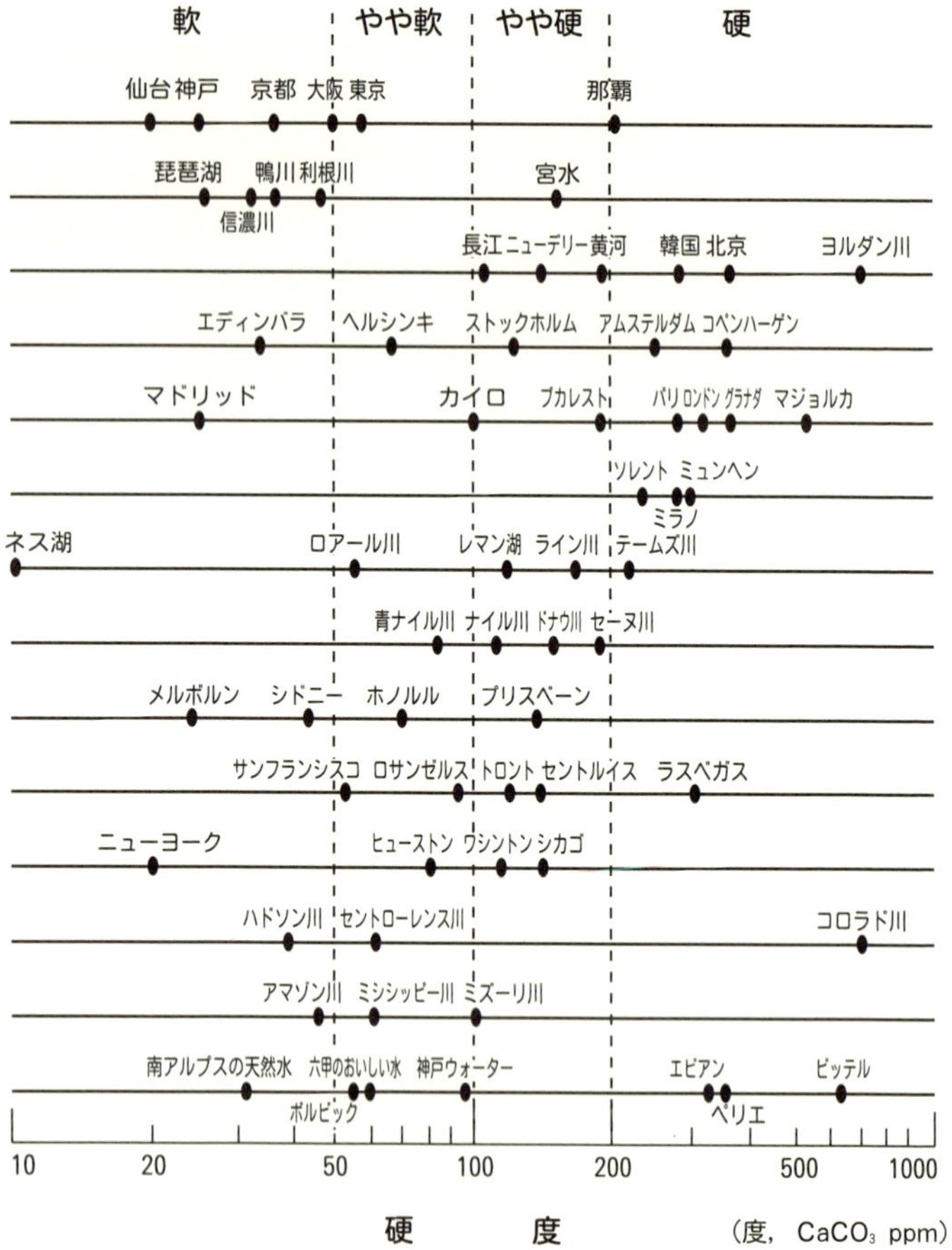


図1－1　世界の水の硬度

（日下　譲：食生活研究，21(4)，14，2001）

はミネラル分が多く、日本と比べて硬度が高い。「日本の水」はどんなだし素材と相性がよく、「欧州の水」はどんなだし素材と相性がよいのだろうか。

**●引用・参考文献●**

★1　宮村直宏：食べ物のおいしさと〝こく〟、日本味と匂学会誌、**九**　別冊、二七～三六、二〇〇二

# 第2章
# 世界の代表的なだし文化の比較

フランス料理も中国料理も「だし」が基本

「だし」は料理の**おいしさのベース**となるものである。その地域で身近に手に入る素材を使い、工夫と改良を重ね、それぞれのだし文化を築いてきた。そして、それが民族や地域に根ざした料理となり、その食習慣がやがてそれぞれの**食文化**をつくり上げてきた。

昆布やかつお節のだしが**日本料理**の基盤となってきたのと同様に、**フランス料理**や**中国料理**も、それぞれの料理を支えてきただし文化をもっている。

本章では、この二つの国の料理のだしを紹介しながら、日本料理のだしとの〝共通点〟と〝相違点〟を浮き彫りにしていく。

# 1 フランス料理のだし

## 1 だしの特徴と分類

フランス料理は、肉類をたくさん使った料理が一般的で、それ自体に強いうま味があるので、家庭料理でだしをとることは少ない。しかし、本格的料理でのだしは料理の土台といえるほど重要な存在である。しかも、仔牛や牛、鶏の肉、骨、魚などの動物性材料のほかに、香味野菜類、香辛料をたっぷり使い、肉や骨のもつ好ましくないにおいを覆い隠し、好ましい香りを付与する。

　このように、**フランス料理のだし**は、「うま味」や「こく味」のほかに、「豊かな香り」を特徴とし、**ブイヨン**（bouillon）と**フォン**（fond）の二つに、大きく分けられる。「ブイヨン」はポタージュやコンソメの土台であり、「フォン」はソースや煮込み料理の土台になる（図2―1）。

　**ブイヨン**とは、bouillir（沸騰する）の派生語であり、英語名は**スープストック**という。牛と鶏の両方を使って、さまざまなポタージュに合わせられる汎用性をもっている。ちなみに、「コンソメ」はブイヨンを澄ませたものと定義されている。

　これに対して、**フォン**は、ラテン語のfondus（基、底）が語源とされ、素材ごとにだしをとり、料理に応じて使い分けている。「フランス料理はソースで食べる」といわれてきたように、ソースの果たす役割は大きく、一九世紀から二〇世紀前半にか

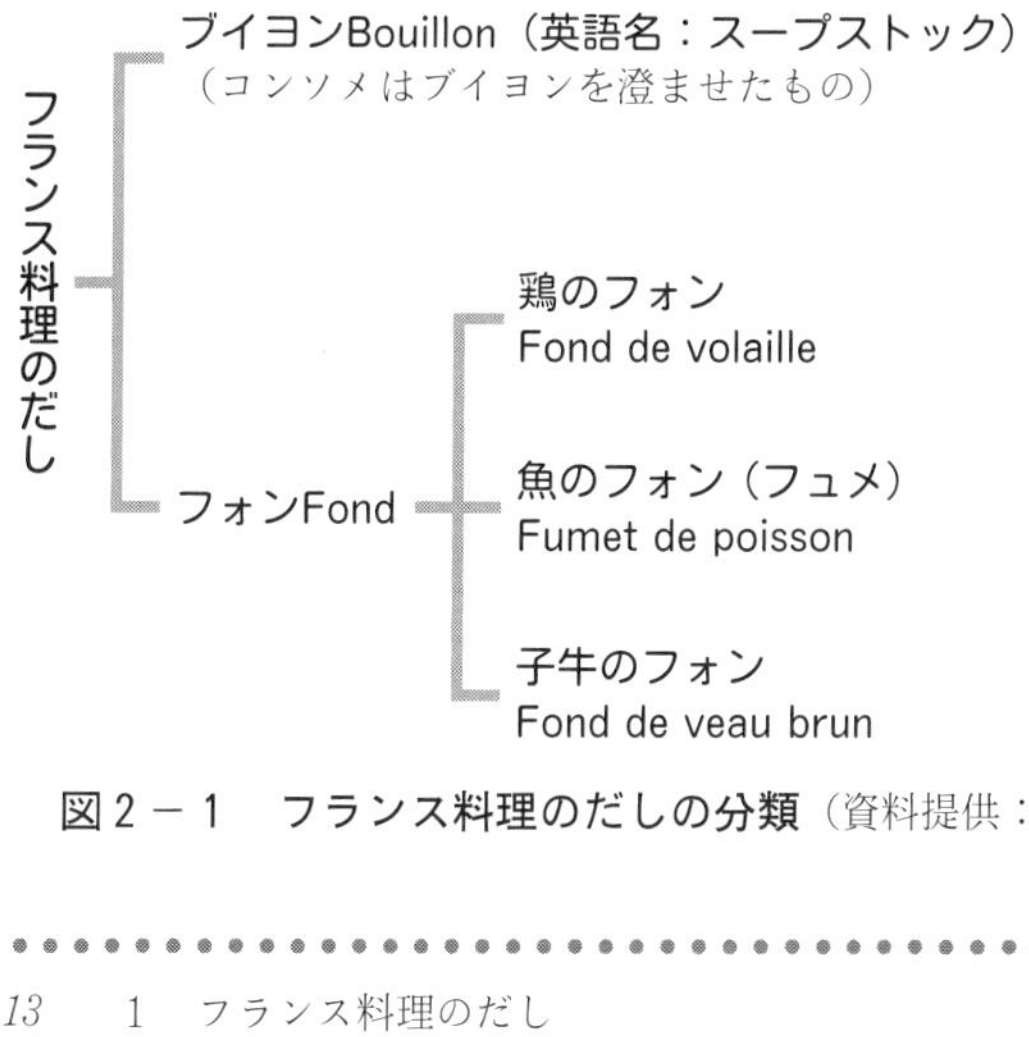


**図2－1　フランス料理のだしの分類**（資料提供：大竹伸郎）

けてのフランス料理では、ソースづくりに「だし」は欠かせない重要な存在であった。一九七〇年代の**ヌーベル・キュイジーヌ**（いわゆる、新料理）の時代に入ると、バターやクリームの使用を控え、素材の味を生かす傾向が強まり、素材から出るうま味を使ってソースを仕上げる料理人が増えてきた。現在では、新鮮な食材が世界中から入手できるようになったことや、ヘルシー志向がさらに顕著になったことで、**ソースやだしのライト化**に拍車がかかり、そのことがつくり方の変化に大きく影響を与えている。

ここでは、「牛のブイヨン」と「魚のフォン」のつくり方を紹介する。

## 2　だしのとり方

### (1)　ブイヨン（スープストック）

**ブイヨン**には、牛のすね肉のように、結合組織が多く脂質の少ない部位を用いる。鶏肉、牛骨、鶏骨、香辛料、香味野菜などといっしょに煮込むことによって、牛すね肉の結合組織のコラーゲンが分解して、「こく」として感じられ、味・風味が向上する。牛肉の使用量は、仕上がり液量に対して、二〇～八〇％、加熱時間は三～六時間と料理書によって幅がある。

参考までに、ブイヨンを調製する場合のいくつかの注意点をまとめた。

①　肉の使用量を多くしても呈味成分量は必ずしもそれに比例して増えない。それ以上に、〝個体差による違い〟のほうが大きい。

② 「鶏肉」では熟成中に遊離アミノ酸が増加して呈味が向上するが、「牛肉」では熟成によるこのような効果はほとんどない。

③ 「アク」は、約二〇％の筋形質タンパク質に由来するタンパク質と約七五％の脂質からなる。

④ 卵白、カルシウム、あるいは卵白とひき肉を使うことによってブイヨンが〝清澄化〟される。

実際の調理例をごく簡単に要点のみ紹介する（写真2―1）。

① 沸騰後アクをとり、香味野菜を入れる

② アクをすくいながら、さらに2～5時間煮込む

③ シノワで濾す

写真2－1　ブイヨンのつくり方

### ブイヨンのつくり方

① 牛すね肉や骨などを水から鍋に入れ、アクを取り除きながら沸騰させる。
② ゆるい沸騰を続け（アクをすべて除去したところに）大きく切った香味野菜（たまねぎ、にんじん、セロリ）とブーケガルニ（パセリの軸、ローリエなどを束ねたもの）を加えて、さらに二～五時間加熱して濾《こ》す。
③ 上に浮いた脂肪を除くと、基本のだし「ブイヨン」になる。

## (2) フォン

フランス料理の魚料理用のソースには「魚のだし」を使う。魚料理がある限り、「魚のフォン」はなくなることはないが、前にも述べたように、フォンそのものの形が変わってきており、「だし」の数も少なくなっている。

**フュメ・ド・ポアソン**は、くせのない白身の魚のあらと香味野菜を使ってとる。

### フュメ・ド・ポアソンのつくり方

① 白身の魚のアラにヒタヒタになるくらいの水を注ぎ、アクを取りながら沸騰させる。
② たまねぎ、セロリ、ブーケガルニなどを加え、一五～二〇分煮出した後、濾す。

フォンは、野菜の味があまり強くなると甘味が増し、料理の味にも影響してしまう。

## 3　水との相性

「硬度が異なる市販のミネラルウォーター」を使用して、だしを調製し、呈味成分の分析と官能評価により「だし素材との相性」を調べてみた。硬度約三〇の**軟水**（南アルプスの天然水）、硬度約三〇〇の**中硬水**（エビアン）、硬度約一、五〇〇の**硬水**（コントレックス）の三種類である。

牛肉のブイヨンは、硬水ではアクを最も多く分離するのでスープは清《す》むが、えぐ味と渋味が強く好まれなかった。これに対して硬度三〇〇の水では、呈味成分である遊離アミノ酸、イノシン酸ともに多く溶け出し、官能評価の結果が最もよかったことから、**牛肉のブイヨンには硬度三〇〇前後の中硬水が最も適している**といってよさそうである。そういえば日本在住の西洋料理のシェフのなかに、硬度の高いボトルの水を日本の水道水に混ぜてブイヨンを

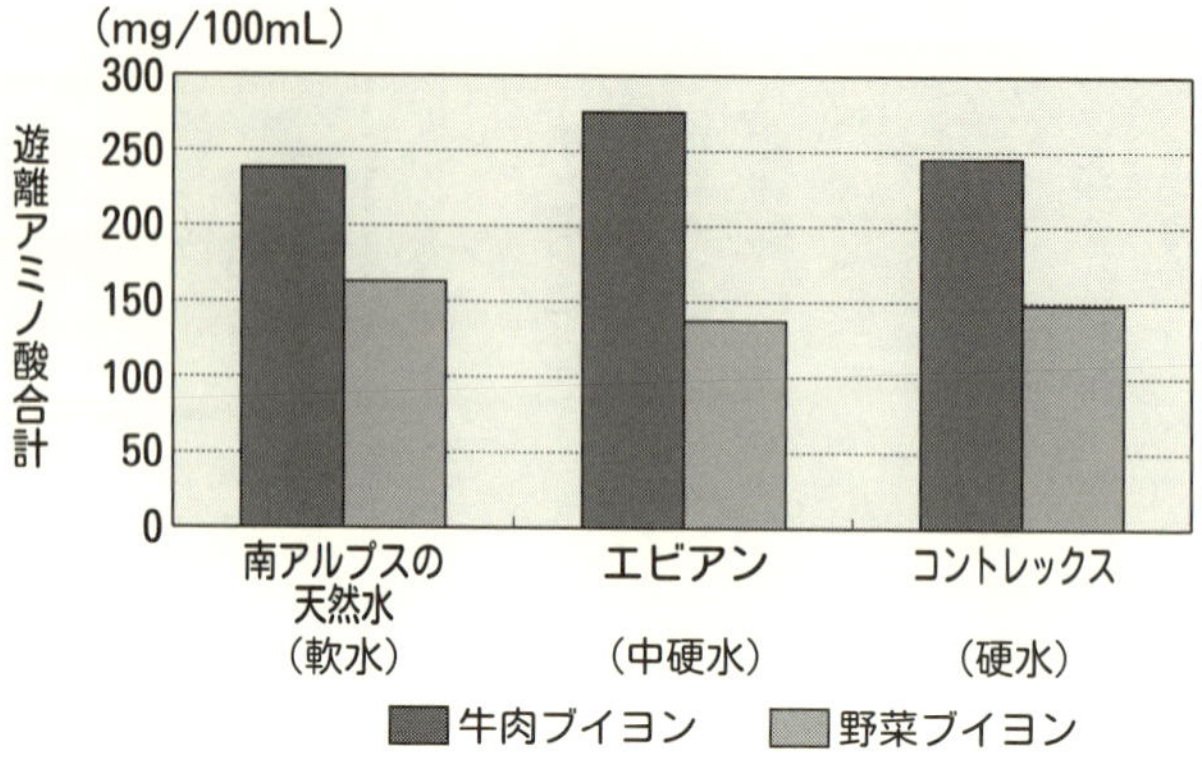


図２－２　硬度の異なる３種の水で調製したブイヨン中の溶出成分（遊離アミノ酸）（牛肉ブイヨンと野菜ブイヨン）

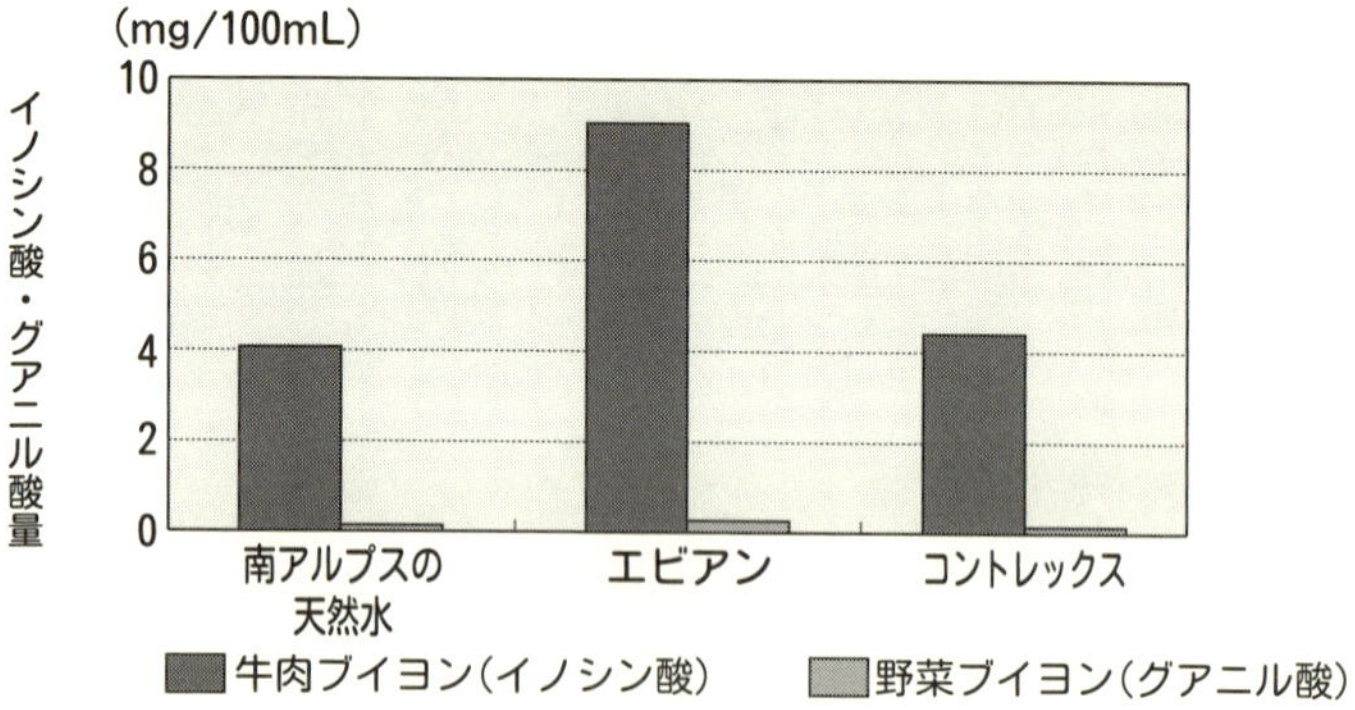


図２－３　硬度の異なる３種の水で調製したブイヨン中の溶出成分（核酸）

（図2-2・図2-3；坂本真里子ほか：調理科学，40，427，2007 より作成）

つくる人がいるという話を聞いたことがある。

一方、**野菜のブイヨン**は、**軟水ではうま味成分である多くの遊離アミノ酸やグアニル酸が溶け出しておいしい**と評価された。これに対して硬水で調理した野菜は、水中のカルシウムと野菜のペクチンが結合して凝固するため、うま味成分が煮汁には出ていかないので、野菜そのものに味が残り、煮崩れもしにくい。つまり、**野菜そのものを食べる場合は硬水で煮るのがよさそう**だが、うま味成分も溶出しないので、煮汁の官能評価は低く、うま味成分の溶出の多い軟水が好まれたというわけである(図2―2、図2―3)。

以上の結果から、**肉のブイヨン**には、「欧州の水」が適しており、**野菜のブイヨン**には、「日本の水」が適しているといってよさそうである(八頁、図1―1参照)。

# 2 中国料理のだし

## 1 だしの特徴

最近は中国でも、日本人の食を脅かすほど、魚も食べられるし、生物《なまもの》も食べられるようになったようではあるが、一般的に中国料理では、材料を生で食べることはほとんどなく、加熱する料理が主であった。材料に乾貨《ガンフォ》と呼ばれる乾燥品を用いることも多い。

**西洋料理**が「**香り**」**を重視**するのに対して、**中国料理**は**油を多く用いた濃厚な料理に合う**「**うま味**」**と**「**こく**」**のあるだし**が好まれてきた。〝鶏〟や〝豚〟の肉や骨を長時間煮出し、香りづけよりは臭みを消すために、香味野菜や香辛料を加えた味の濃いだしが使われてきた。一方、さっぱりした味に仕上げるために〝干しえび〟や〝貝柱〟のだしが用いられる。地方料理によっては〝火腿《かたい》(中国ハム)〟などが使われることもある。また、魚のだしをとくにつくらない点が、日本料理やフランス料理と異なっている。

　中国料理のだしである**湯**《タン》は、揚げ物料理、焼き物料理を除くさまざまな料理に使われ、湯の品質の良否がそのまま料理に大きく影響する。とくに、フカひれ、なまこ、燕《つばめ》の巣《す》などのように、貴重でそれ自体にほとんど味のない材料は、湯により味を補充する必要があるので、湯づくりはきわめて重要である。上海や台湾では、路地裏のどんな小さな飲食店の調理場を覗《のぞ》いて

- **湯**《タン》
  - **葷湯**（動物性のだし）
    - **清湯**（澄んだだし）
      - **頂湯**（最上級の澄んだだし）
      - **上湯**（上級の澄んだだし）
      - **二湯**（二番目のだし）
      - **毛湯**（ふつうのだし）
    - **奶湯**（白く濁っただし）
  - **素湯**（植物性のだし）

**図2－4　湯《タン》の分類**

も、大きな寸胴鍋《ずんどうなべ》で丸鶏から湯をとっている光景をよく見かける。中国料理には湯づくりが基本であるということを実感する場面である。

## 2　だしの分類とそのとり方

「湯」は、使われる原料、湯の性状によって「動物性のだし（**葷湯**《ホウンタン》）」と、「植物性のだし（**素湯**《スウタン》）」に大別される（図2—4）。

### (1)　葷　湯

肉や魚などの生き物を用いた料理を**葷菜**《ホウンツァイ》といい、そのだしが「葷湯」である。葷湯のうち〝澄んだだし〟の**清湯**《チンタン》には、**毛湯**《マオタン》、**上湯**《サンタン》、**頂湯**《ディンタン》があり、ほかに濁っただしである奶湯《ナイタン》がある。また、原料由来の分類として鶏湯（鶏肉やガラ）、肉湯（豚肉・豚骨）などがある（三五頁、表3—1参照）。

**毛湯**は最も一般的な湯で、だしのなかでは用途が広く、麺料理、煮込み料理を中心にあらゆる料理に使われる。

**上湯**は上級の澄んだだしのことで、材料の鶏や豚肉をふんだんに使い、澄んで、濃厚なだしになる。スープ料理をはじめ、さまざまな煮込み料理に幅広く使われる。残った材料に、さらに鶏がらと水を加えて再び煮込んでとっただしが「二湯《アルタン》」である。いわゆる二番だしのスープで、肉や内臓を煮込むときに使う。

**頂湯**は、最も味のよいだしである。上湯に鶏のひき肉を加えてさらに澄ませ、濃厚な味に仕上げる。フカひれ料理や燕の巣の料理などに使われる。

このように、中国では、主に「鶏」を使ってだしをとり（鶏湯《ヂイタン》）、多くの料理のベースとして使ってきた。

歴史的にみると、現存する最古の料理書といわれる『斉民要術』には、すでに六世紀に、鶏を使った調理例として羹《あつもの》の調理法が出てくる。ニワトリ一羽を解体して骨と肉に分け、肉を切り骨をたたき、合わせて煮るというものである。

① 材料（老鶏・豚すね肉・香辛料など）

② 微沸騰状態で、4～5時間煮込む

③ 湯を鍋ですくう

④ ザルを敷いて布きんで濾す

**写真2－2　鶏湯のつくり方**（協力：皇苑）

しかし、鶏湯のつくり方が確立したのは比較的新しいと思われる。

**鶏湯**は本来、鶏を煮出した汁をいい、最も高級なものとされている。若鶏よりも味もよく、脂肪の少ない老鶏を用いる。宮廷料理での鶏湯は鶏のみからつくられていたが、一般に普及するようになって、複雑味と同時に簡便性も要求されるようになり、鶏のほかに豚の肉や骨なども加えられる場合が多くなった。

一般的な鶏湯のつくり方を以下に示す（写真2—2）。

**鶏湯のつくり方例**

① 材料には、老鶏《ろうけい》（内臓を除く場合が多い）をぶつ切りにし、これに鶏ガラ、豚すね肉（中国では赤身の場合もある）や骨も加える。

② これらをゆでて、水洗した後、微沸騰状態でアクをとりながら四～五時間加熱した後に濾《こ》す。

肉の臭みを消すために、ネギ、生姜を加えるほか、中国では地域によって、香辛料として花椒《かしょう》などを加えることも多い。だいたい、材料一キロでスープ二～三リットルの目安である。

### (2) 素湯（精進だし）

湯のもうひとつの分類が「植物性のだし」で、素湯《スウタン》という。中国料理では、精進料理を素菜《スウツァイ》とか素食《スウシイ》といい、これに使われるだしのことである。精進料理はもともと中国で起こり、六世紀に入り、僧侶の肉食を禁止したことから発達した。『斉民要術』には、〝ネギとニラの羹〟や〝ナガユウガオの羹〟〝らっきょうの蒸し物〟、〝ナスの蒸し焼き〟など一一種類の菜食料理法が記されている。この時代の精進料理はごま油などの植物油のほか、例外的にラードなどの動物性油脂も用いられていた。★1

その後、肉や魚など生臭物《なまぐさもの》をいっさい使わず、植物性の材料だけを用いるようになり、だしと植物油による調味がとくに重要となっている。

精進料理では、肉や魚を擬した料理名には〝素〟の字をつけて、たとえば鯉の丸揚げ甘酢あんかけ料理「糖酷鯉魚《タンツウリイユイ》」を模した「素糖酷鯉魚」がある。これは、〝素〟を加えて、大豆など植物性の材料を使って鯉に見立てた精進料理であることを示している。実際の鯉料理ではないにもかかわらず、その精巧さは本物の鯉と見まがうばかりである。

料理によって使われる素材は異なるが、大豆が多く使われる。そのほか、たけのこ、しいたけ、冬菇《ドングー》、香菇《シャングー》などのきのこ類、もやしなどがある。淡白ななかにもいい味のだしをつくるための工夫を凝らしている。

## 3 日本料理のだし

## 1　だしの特徴

**日本料理**は、材料の持ち味を生かした料理が主体である。歴史的に、仏教伝来に伴い肉食禁忌の時代が長かったため、**野菜中心**で、脂肪、タンパク質の少ない淡白なものが多く、精進料理以外では油を使う習慣もほとんどなかった。

さらに、日本に古くから伝わる〝一汁一菜〟や〝一汁三菜〟という食事形態が現在まで継承されており、**汁物**《しるもの》が食事を構成する基本的な料理のひとつとして欠かすことができない（図2―5）。

魚も食べられてはいたが、生の魚を食べることができるのは海辺に住む人や一部の富裕層に限られており、普段よく食べられていた料理は、野菜の煮つけと汁物であったと思われる。この汁物や料理にうま味を加えるために、だしがより発達したといえる。大正末期から昭和初めにかけて、日本全国を対象地域として、主婦への聞き書きをまとめた『日本の食生活全集』のだしに関する記述をみても、実に

図2－5　一汁三菜の献立例

### 表２－１　全国聞き取り調査によるだしの使い方例（抜粋）

| 県・地域 | 削り節 | 煮干 | 昆布 | その他 | 備　考 |
|---|---|---|---|---|---|
| 宮城・名取郡 | ○ | | | | 干しはぜ，かれいの焼干し，普段は削り節。 |
| 秋田・仙北郡 | まれに鰹節 | 焼干 | | しいたけ・まいたけ | |
| 福島・相馬郡 | 昔は鰹節 | | | | 通常は削り粉 |
| 栃木・芳賀郡 | 鰹節 | ○ | | こうなご(煮干) | |
| 群馬・利根郡 | 鰹節 | 肴干 | | | |
| 東京・南多摩郡 | 鰹節 | | | | |
| 新潟・岩船郡下海府村 | | 焼干 | | | 飛魚を焼干し（平常は使用しない）。 |
| 富山・高岡 | 鰹節 | ○ | ○ | 魚あら | |
| 石川・石川郡 | ○客・休日用 | ○ | ○客用 | しいたけ客用 | |
| 山梨・東山梨郡 | ○ | ○ | | ちりめん干・油揚 | |
| 長野・東筑摩郡 | 鰹節・削り粉 | ○ | | | |
| 岐阜・武儀郡 | ○ | ○ | | | 多くは煮干。ハレの日にはかつお節。 |
| 滋賀・坂田郡 | 鰹節 | じゃこ | | 干し子鮎 | |
| 京都・竹野郡 | 鰹節客用 | 雑魚（じゃこ） | ○客用 | | |
| 奈良・北葛城郡 | | 雑魚（じゃこ） | | ころ（鯨皮） | |
| 島根・鹿足郡 | | いりこ | | 炙り鮎・ごり | |
| 岡山・川上郡 | 削り鰹 | いりこ | ○ | | |
| 香川・仲多度郡 | じゃこ・いりこ | | | | 昔はだしを用いなかった |
| 長崎・壱岐郡 | 鰹節 | ○ | | しいたけ | しらす・ちゅうじょ・鰯材料 |

（江原絢子：地域と食文化，p.115，放送大学教育振興会，1999をもとに，日本の食文化，成城大学民俗学研究所，1990からの調査結果を加えて作成）

多様な食材がだしとして利用されてきたことがわかる。かつお節、昆布をはじめ、淡水魚、海水魚などの煮干し、焼き干し、その他きのこ類、豆類などその素材は多岐にわたり、その土地でとれる食材を巧みに利用してきたのである。

表2―1は、さらに時代が下って戦時下の一九四一年に、全国各地域の食生活の聞き取りによる調査のなかから、だしについて答えた部分をとり上げ、まとめたものである。料理書のなかではなく実際の庶民の食生活であり、戦争が激化する直前の調査で、日本の食生活が大きく変貌《へんぼう》する以前の状況を知ることができる。

これによると、平常はだしを使わないという表記もあるが、総じてかつお節、煮干しの両方が使われる場合が多い。**かつお節**は客用や休日用などとされ、煮干しよりやや上位に位置づけられていたようである。**煮干し**は、地域によって呼び名が違い、東日本では「煮干し」、近畿では「じゃこ」、中国、四国、九州では「いりこ」である。また、新潟の飛魚《とびうお》、島根の鮎《あゆ》、ごり、宮城のはぜの例などのように、その地域で獲れる魚類が日常的に使われている。これに対して昆布は、客用や精進など日常とは異なった場合に用いられることが多く、西日本や日本海側の富山、石川などで利用されてきた。

## 2 だし素材の使用実態

それでは現在の使用実態はどうであろうか。「家計調査年報」より、日本の代表的だし素

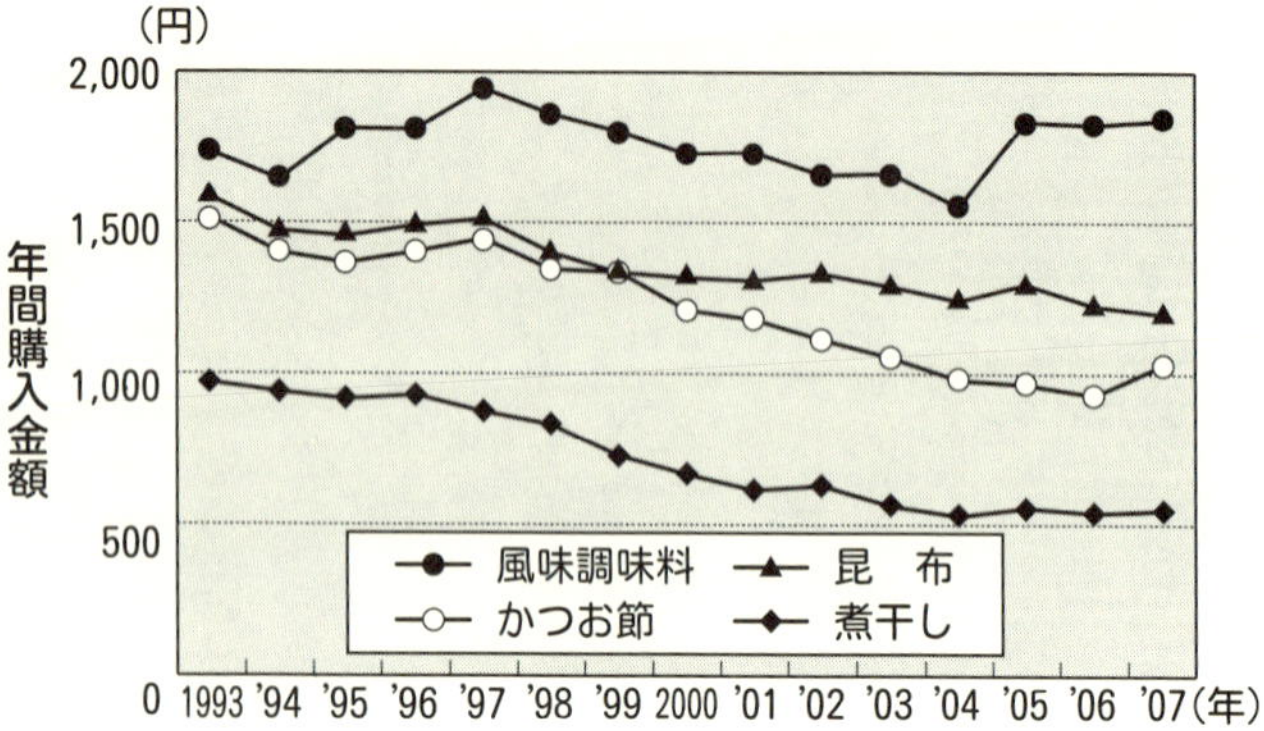


図２－６　だし素材の使用実態年次推移

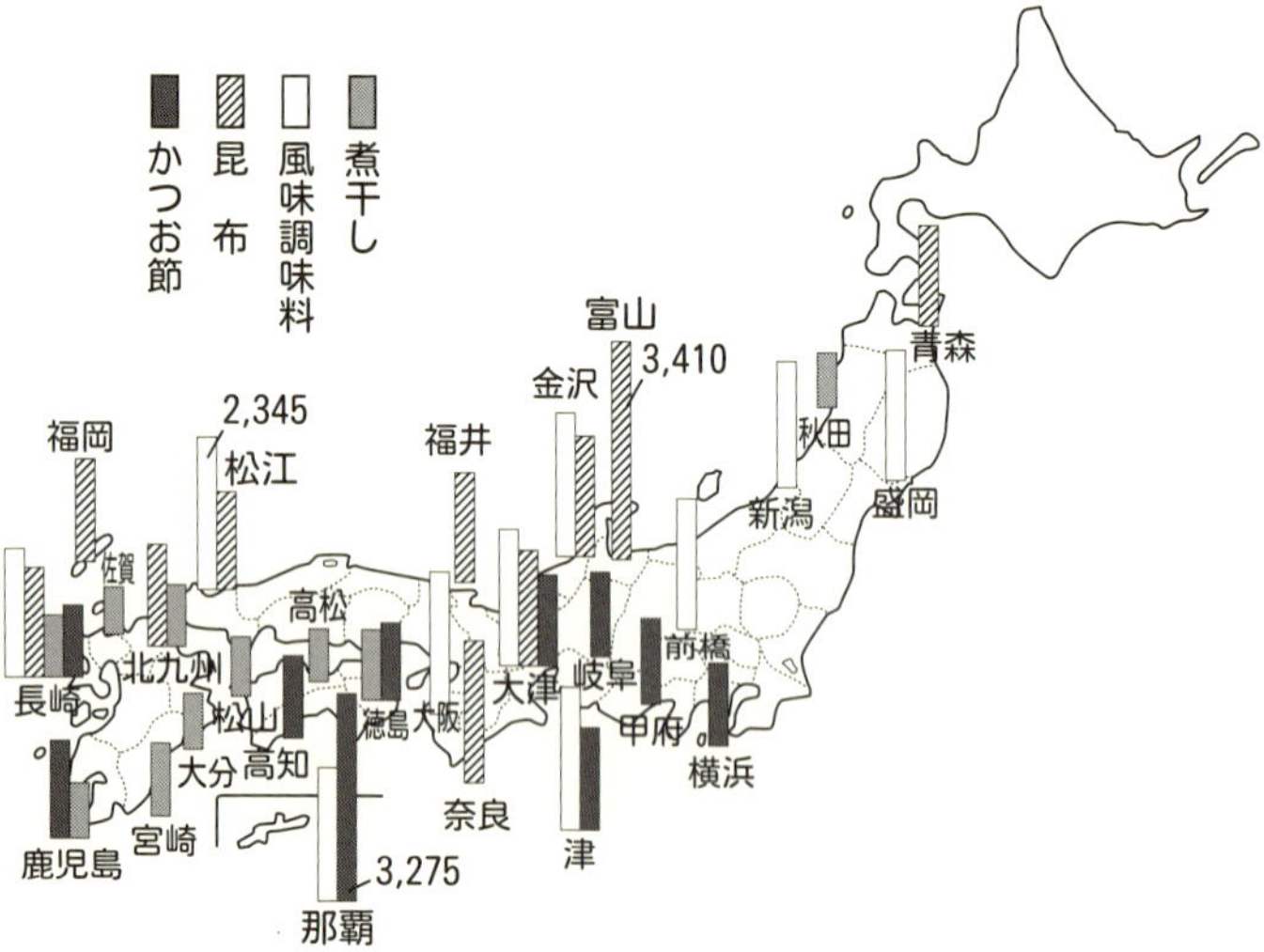


図２－７　だしの１世帯あたりの年間購入金額（平成19年）
（総務省：家計調査年報 より作成）

材である「かつお節」、「昆布」、「煮干し」と、現在最も使用されている「風味調味料」（「だしの素」）について、一九九三（平成五）年から二〇〇七（平成一九）年まで一四年間の経年推移と、二〇〇七（平成一九）年度の地域別ベスト一〇を示した（図2—6、図2—7）。経年の変化では、**風味調味料以外は漸減《ぜんげん》**している。これは、女性の社会進出や単身世帯の急激な増加などに伴い**食の外部化**が進み、家庭で調理をしなくなったり、調理にかける時間が短縮されていることなどが影響していると思われる。地域別での消費は、概観すると、西の地域で多く東で少ないという、いわゆる西高東低の様相がみえる。素材別では、戦後台頭した「風味調味料」と、比較的どこの地域でも獲れる「煮干し」は、ある地域で特別多く使われるということはなく、押しなべて平均的に消費されているのに対して、「昆布」は北陸で、「**かつお節」は沖縄で、使用量が突出している**という結果は興味深い。

## 3　だしのとり方とその特徴

「日本のだし」については4章以下で詳しく述べるので、この章では、日本の代表的だしである「かつお節と昆布の混合だし」（一番だし）のつくり方（例）を簡単に紹介しておく（写真2—3）。

### かつお昆布だしのつくり方

① 水の量の二%の昆布を二〇分間浸漬後、一〇分間で九〇度に達するよう、火力を調節して加熱する。

② 水温九〇度で昆布を取り出し、ただちに同じく二%のかつお節を加え沸騰した後に加熱を止め、三分間程静置後濾す。

今までみてきたように、「フランス料理」や「中国料理」のだしは、生の肉や魚に野菜も加えて、長時間煮出してだしをとるのに対して、「**日本料理**」の

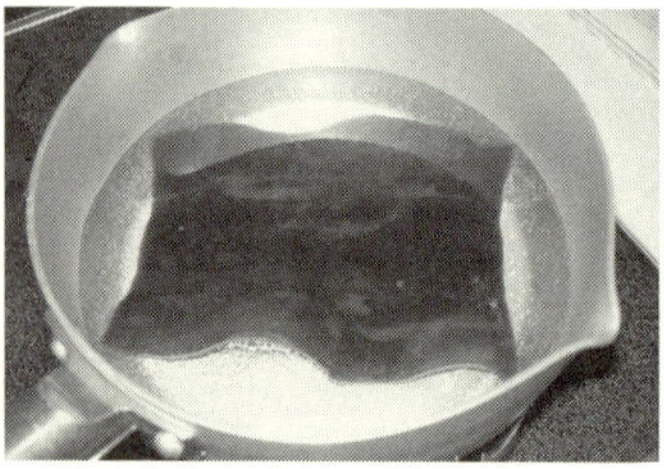

① 昆布を水に浸漬後90℃まで加熱する

② 90℃で昆布を取り出す

③ 直ちにかつお節を加え沸騰させ，火を止め，3分程静置する

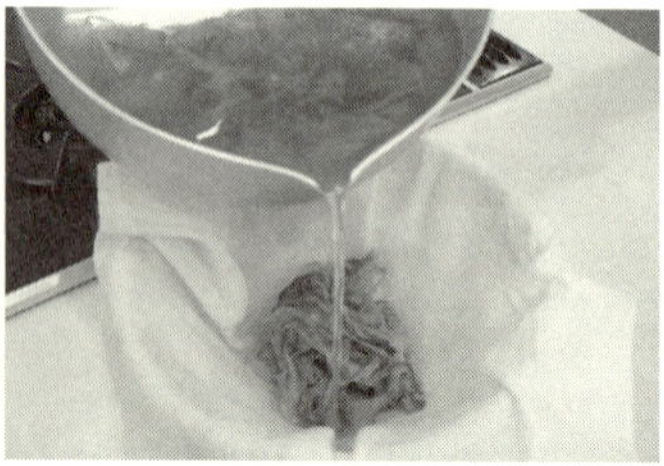

④ だしを布で濾す

写真2－3　かつお昆布だしのつくり方

**だしの調製時間の短さは、驚異的**でさえある。このことはとりもなおさず、〝日本料理のだし素材の特殊性〟に起因しているといえよう。**日本料理のだしは、かつお節も昆布も煮干しも、すべて乾燥品**であるという点で、フランス料理、中国料理のだしと大きく異なっている。

日本料理のだし素材は、乾燥することで、だしとして好ましくないにおいや呈味成分が除かれ、うま味成分が濃縮されており、加工するにはたいへんな手間と時間がかかるが、長期間の保存がきき、調理の段階では短時間でだしがとれるという知恵の食材である。

## 引用・参考文献


★1 後魏賈思勰撰（西山武一・熊代幸雄訳）：校訂譯註斉民要術、巻九、二一五〜二一九頁、アジア経済出版会、一九七六

・朝日百科　世界の食べもの　全一四巻、朝日新聞社、一九八四

・日本の食生活全集五〇　日本の食事事典Ⅱ　つくり方・食べ方編、農山漁村文化協会、一九九三

# 第3章 だしのうま味成分の不思議

写真右：池田菊苗博士が昆布から
とり出したグルタミン酸

すでに述べたように、日本の「かつお昆布だし」は昆布の浸漬時間を入れても、三〇分ほどの短時間ででき上がる。他の国のだしと比べたとき、材料が異なり、かつ調製時間にもこれほど差があるにもかかわらず、それぞれのだしに含まれる主たる**うま味成分は共通している**(表3—1)。各だし中の**グルタミン酸**(アミノ酸)と**イノシン酸**(核酸関連物質)の含有比を表3—2に示した。

## 1 うま味の相乗効果

グルタミン酸とイノシン酸がいっしょになると、いったい何が起きるのであろうか。

うま味を含む五基本味の代表的な呈味物質の閾値(その味を水と区別することができる最低の濃度)を官能評価法によって調べた結果を、表3—3に示した。グルタミン酸ナトリウム存在下でのデータでは、なんら影響を与えていないのに対して、イノシン酸ナトリウム存在下では、グルタミン酸ナトリウムによるうま味の閾値が一〇〇分の一ほどになっていることがわかる。

この現象は、どのような意味をもつのであろうか。

これが**うま味の相乗効果**と呼ばれ、グルタミン酸ナトリウムとイノシン酸ナトリウムが同

表３－１　だしの種類と呈味成分

| | 種類と特徴 | | 主な呈味成分（太字はうま味成分） |
|---|---|---|---|
| 日本料理（だし） | 昆布だし | 素材の風味を生かす。<br>潮煮，湯豆腐など。 | **Glu**, Pro, Ala |
| | かつお節だし | 東京を中心として。<br>幅広く，いろいろな料理に。 | **IMP**, **Glu**, His |
| | 煮干し（だしじゃこ） | 主に関東で。惣菜向き汁物，<br>みそ汁，濃厚な味の煮物など。 | **IMP**, **Glu**, タウリン |
| | さば節だし | かつお節の廉価版。<br>かつお節より酸味とにおいが強い。味噌，しょうゆに合う。 | **IMP**, **Glu**, His, Gly |
| | 鶏ガラと昆布だし | 中国・西洋各料理に影響され，和風化した。 | **IMP**, **Glu**, Ans |
| | 精進だし | 精進料理用。昆布，干ししいたけ，大豆など | 干ししいたけ：**GMP**, **Glu**, Arg<br>かんぴょう：**Glu**, **Asp**, Gly<br>にんじん：**Glu**, **Asp**, Gly |
| 西洋料理（ブイヨン・フォン） | 牛のブイヨン | スープ用のだし。牛すね肉，骨，香味野菜。 | **IMP**, **Glu**, 乳酸 |
| | 鶏ガラのブイヨン | 鶏ガラ，香味野菜。 | **IMP**, **Glu** |
| | 野菜のブイヨン | たまねぎ，にんじん，キャベツなど。 | **Glu**, **Asp**, Ala |
| | 白身魚のフォン | 魚料理用ソースの土台。<br>舌びらめ，香味野菜。 | **IMP**, **Glu** |
| 中国料理（湯） | 鶏《チィ》湯《タン》 | 鶏まるごと＋生姜・ねぎを水から煮込む。澄んだ上等のスープ。 | **Glu**, **IMP**, Ans |
| | 肉《ロウ》湯《タン》 | 豚もも肉など＋生姜・ねぎを水から煮つめてだしをとる。 | **IMP**, カルノシン, タウリン |
| | 乾《カン》貝《ベイ》湯《タン》 | 干し貝柱を水でもどして，煮出す。濃厚なよい味。 | **Glu**, カルノシン, **コハク酸** |
| | 香《シャン》茹《クウ》湯《タン》 | もどし干ししいたけ＋ねぎ・生姜をとろ火で煮出す。 | **GMP**, **Glu**, Ala, |

（注）Glu：グルタミン酸，Pro：プロリン，Ala：アラニン，IMP：イノシン酸，His：ヒスチジン，Gly：グリシン，Ans：アンセリン，GMP：グアニル酸，Arg：アルギニン，Asp：アスパラギン酸，

（味の素：だしの科学，1982 より）

表３－２　各種だしの主なうま味成分の含有比

| だしの種類 | グルタミン酸 | イノシン酸 |
|---|---|---|
| かつお昆布だし | 4 | 1 |
| かつお節だし | 1 | 20 |
| 牛ブイヨン | 1 | 1 |
| 鶏湯 | 1 | 1 |

（注）各種だしの抽出条件がそれぞれ異なっていたので，うま味成分の比率を概数で示した。

表３－３　各呈味物質の検知閾値

（g/100mL）

| 溶媒 | ショ糖 | 食塩 | 酒石酸 | 硫酸キニン | グルタミン酸ナトリウム |
|---|---|---|---|---|---|
| 水 | 0.086 | 0.0037 | 0.00094 | 0.000049 | 0.012 |
| グルタミン酸ナトリウム* 0.094%水溶液 | 0.086 | 0.0037 | 0.0019 | 0.000049 | ―― |
| イノシン酸ナトリウム* 0.26%水溶液 | 0.086 | 0.0037 | 0.03 | 0.0002 | 0.00019 |

＊５mMに相当する濃度

〔山口静子（日本食品科学工学会編）：食品工業における科学技術の進歩Ⅷ，p. 3，光琳，1999〕

時に存在するとうま味が飛躍的に強くなることを示している。しかもそれは、**足し算的効果ではなく、掛け算的呈味増強効果がある**ことが明らかである。

日本では昆布やかつお節でだしをとり、欧米や中国では野菜と肉や魚を組み合わせてだしをとり、料理のベースとしてきた。人々が試行錯誤のなかから、アミノ酸と核酸の相乗効果を経験的に学習し、料理に生かしてきたといえる。

## 2 うま味の発見は日本から

一九〇八年、東京帝国大学（現在の東京大学）の池田菊苗博士が、日本古来のだし材料である**昆布の味**を研究し、その味の主体をなすものが**グルタミン酸のナトリウム塩**であることを突き止め、この味を**うま味**と名づけた。これに続いて、一九一三年には同博士の高弟、小玉新太郎氏が、かつお節のうま味成分が**イノシン酸**の塩類であることを見いだした。当初、これはヒスチジン（ア

写真3-1　池田菊苗博士

写真3-2　国中　明博士
（東大安田講堂，2008）

ミノ酸）の塩類と考えられていたが、後に、イノシン酸のナトリウム塩であることが確認されている。さらに一九五七年には、国中明博士によって、**グアニル酸**（きのこ類に多く含まれる核酸）がうま味成分であることが発見され、同時に「うま味の相乗効果」も同氏によって発見された（写真3―1、3―2）。

これらのうま味成分は、化合物としてはいずれも一九世紀末に発見されたものであるが、**「うま味」という味をもつことが発見されたのは、二〇世紀に入ってから**である。しかもすべて**日本人科学者**によってなされたという事実は、世界の味覚研究のなかでも特筆すべきことであり、他の国に例をみない日本の繊細なだし文化が生んだ所産といえるであろう。

次章からは、日本のだしについてもう少し詳しくみてみよう。

＊本書では、グルタミン酸はL―グルタミン酸、イノシン酸・グアニル酸・リポタイドなどはそれぞれ、5'―イノシン酸、5'―グアニル酸、5'―リポタイドを意味している。

**●引用・参考文献●**


・小俣　靖：美味しさと味覚の科学、日本工業新聞社、一九八六

・日本うま味調味料協会：うま味の知識、生活情報シリーズ⑮、味の素、二〇〇二

# 第4章　昆布だし

左から
**羅臼昆布，真昆布，利尻昆布，三石昆布，**
**長昆布**（それぞれ用途が異なる）

本章では、だし素材である**昆布**と**昆布だし**について紹介する。昆布の特徴や歴史的経緯、すなわち、その採取地域が北海道に限定されているにもかかわらず、消費地は日本海側に広がり、やがて中貢貿易（中国との貿易）を担った謎解きに及ぶ。そして、いつごろから、どのような形で「昆布だし」として人々の食生活に根づいていったかなどにも触れながら、だしのとり方や呈味成分なども示した。

注：ここでは、昆布の原藻を「コンブ」、乾燥して食用の形態になったものを「昆布」と表記した。

# 1 昆　布

## 1　コンブの種類と料理用途からみた特徴

**コンブ**は褐藻類に属する海藻で、その九〇％が北海道海域で生育する。多くの種類があるが、産業的に重要なものは**マコンブ**、**リシリコンブ**、**ラウスコンブ**（オニコンブ）、**ミツイシコンブ**、**ナガコンブ**、**ホソメコンブ**などである。

「コンブ」は、海流、海底の様子、陸地の環境によって生育する種類が異なり、同じ地域では同じ種類のコンブが採れる（図4—1）。採れる地域と種類が、これほどはっきり区別さ

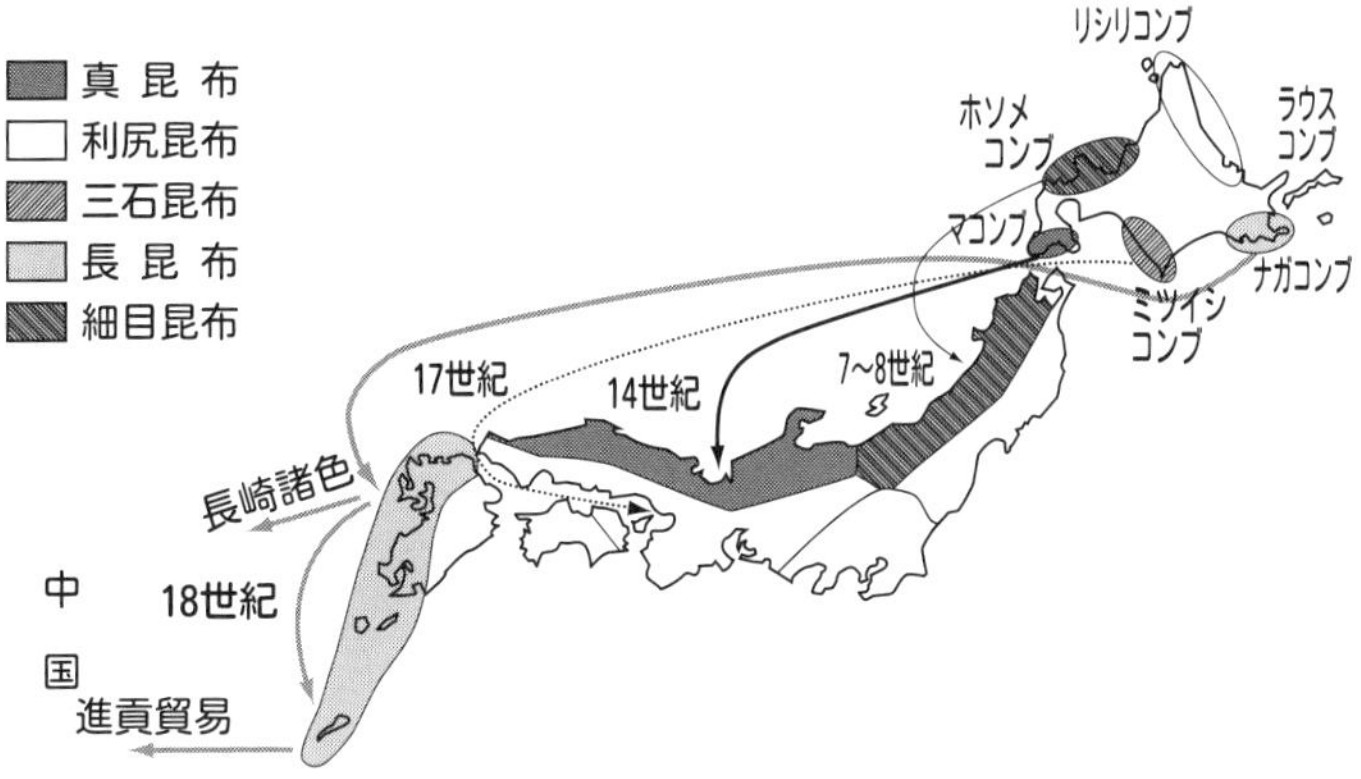


図４－１　コンブ採取地とコンブロード（海藻の科学）

表４－１　昆布の種類と特徴

| 種類 | 特徴 | 主な用途など |
|---|---|---|
| 真昆布 | リシリコンブ，ラウスコンブと同種 | だしは清澄で上品，まろやか。吸い物に最適。塩昆布，昆布じめ，おぼろ昆布などにも。 |
| 利尻昆布 | 葉の色が濃く，硬質 | だしは塩味がかって香りがよい。京都では椀物，湯豆腐，千枚漬けなどに用いる。 |
| 羅臼昆布 | 葉幅が広く，肉薄 | だしの色は黄色みが強い。うま味と酸味が特徴。酢昆布など。富山地方で多用。 |
| 三石昆布（日高昆布） | 肉質がやわらかい | 煮物用（昆布巻き，佃煮，惣菜用）。磯っぽい風味で，うま味のあるだし。関東以北で多用。 |
| 長昆布 | 灰色がかった黒色，肉質はやわらかい | 加工用（昆布巻き，佃煮，惣菜，切り昆布など）。沖縄で多用。 |
| 細目昆布 | 黒色だが，切り口は一番白い | 歴史的には一番古い種類。加工用（とろろ，切り昆布，昆布茶など）。 |

れる食品はほかに例がないだろう。さらに「浜格差」といって、採れる浜によって格付けがされている。食材として収穫されるものの多くは二年生で、夏に採取される。採取されたコンブは天日または機械で乾燥されてから出荷される。採取時期は決められているが、この時期より前に採られたものは「棹前《さおまえ》」と呼ばれる。

それぞれの地域で採取されたコンブの種類と主な用途を表4―1に示した。

## 2 コンブの成分

「コンブの成分」は、**炭水化物**五〇%、**ミネラル**（無機質）二五%、少量の**タンパク質**と**脂質**である。五〇%の炭水化物のうち、二〇%は**繊維**、その他の大部分は多糖類の**アルギン酸**で、ほかに少量の**フコイダン**と**ラミナリン**が含まれている。**呈味成分**としては、糖アルコールのマンニット、グルタミン酸を最多としてアスパラギン酸、アラニンなどのアミノ酸、ミネラルとしてはカリウム、ナトリウムなどである。
**マコンブ**の「遊離アミノ酸組成」では、**グルタミン酸**が約六〇%とずば抜けて多く、**アスパラギン酸**の三〇%、**アラニン**、**プロリン**と続く。★1
昆布を覆っている白色粉末の成分は糖アルコールの**マンニット**で、さわやかな甘味をもち、コンブの生育度合いの指標になるものと考えられている。マンニットの含量は季節によって変動し、春どきの葉の薄い若いコンブはマンニットが一〇%以下と少なく、採取時期の夏期にはコンブの葉も厚くなり、その含量は三〇%を超える。**グルタミン酸**もマンニット同様夏期に増加し、呈味成分のアミノ酸全体の五〇%以上を占めるようになる。部位的には根元部と根元から上方の葉幅の広い中帯部に多い。★2 マコンブ中の「ミネラル量」は、マコンブの中央部は**塩素**が多く、先端は**カリウム**が、根元には**リン**、**イオウ**、**カルシウム**が多い。

コンブは採取後乾燥させた後、山のように重ねて熟成させる。さらに、**蔵囲い**といって、コンブを寝かせる昔からの手法がある。最上級のコンブを寝かせることによってコンブ臭が抜け、ぬめりが抑えられ、味が磨かれるといわれている。以前、敦賀の老舗昆布商の奥井海生堂の蔵で、この「蔵囲い」を見せてもらった。蔵に入った瞬間に、コンブの海の香りではなく、醤油のような熟成したよい香りに感動を覚えたことを思い出す。その際、蔵囲いした昆布を永平寺にも納めているという話であった。一般的に精進だしでは、新昆布よりも二〜三年寝かせたものがよいとされており、永平寺では、最上級の利尻昆布を蔵囲いすることによって熟成度を高め、究極の精進だしを求めたのであろう。ちなみに、奥井海生堂では一九八九(平成元)年より、さらに長期(現在二〇年を経過)の蔵囲いにとり組んでいるという。

この「蔵囲いによる効果」を、科学的に調べた味の素㈱の研究グループの最近の研究から、蔵囲いによる昆布中の遊離アミノ酸には変化がないことが明らかにされた。**味に変化がないとすると、香りが関与している可能性が大きい**ということであろう。

## 3　昆布の栄養的側面

江戸時代の『本朝《ほんちょう》食鑑《しょっかん》』（一六九七年）、『和歌食物本草』（一六三〇年）など多くの本草書に、昆布は「寒の食べものであり、腫れものや水腫に効く」とあるが、残念ながら詳細はよくわからない。ちなみに『本朝食鑑』は、漢文で書かれており、一般的ではないが、中国の本草書を当時の日本人の食生活に合わせて著した点で評価される本である。健康への関心が高まった江戸時代には、少なくとも昆布のさまざまな薬効が知られていたと思われる。

**昆布の健康に関する効能**を整理すると、次のようなものがある。

●カリウム、鉄分、ヨウ素（ヨード）などのミネラルや食物繊維が豊富であり、とくにヨウ素は海藻のなかでもずば抜けて多い。ヨウ素はヒトの甲状腺ホルモン構成の一元素であり、ヨウ素不足は甲状腺肥大症を引き起こす。したがって、昆布は甲状腺機能障害に対して、予防、治療上の効果が大きい。

●主成分であるアルギン酸はストロンチウムやカドミウムのような有害元素を体内から除去する作用がある。

●高血圧の一因である体内のナトリウムイオンを、昆布に含まれるアルギン酸カリウムとナトリウムのイオン交換反応によって排出する。

●フコイダンを含有し、動物実験でがん細胞の減少やがん抑制効果がある。

このように、昆布には**数多くの健康に関する効能**があることが明らかになっており、この種の研究は現在もなお盛んである。

### 4　昆布の食文化―その起源と歴史

「昆布」の文字が現在の「コンブ」を意味するようになったのは奈良時代のころで正倉院文書にもみられる。古くは「ひろめ」とか「えびすめ」と呼ばれた。ひろめは幅が広いための名で、えびすめは、蝦夷地《えぞち》（現在の北海道）産が多いための称である。よろこぶ、ひろまる、福を得るに通じる縁起のよいものとして古くから用いられてきた。

平安時代の辞書『倭名類聚抄《わみょうるいじゅしょう》』（九三五年）には「昆布」の項目に「可食」とあり、古代より食べられていたようであるが、具体的な食べ方よりは使用目的を示したものが多い（表4―2）。同時代の律令である『延喜式』（九二七年）にも、陸奥《むつ》の国（青森県）から貢納されたとあり、朝廷が諸国から納めさせた交易雑物や、僧侶の供養料、天皇への供御などとして昆布が利用されていた。中世になると、コンブの産地である蝦夷や陸奥から遠く離れた若狭の昆布が、「若狭召昆布《わかさめしのこんぶ》は非常に味がよく、高貴な方が召し上がるもの」と紹介されている。

『本朝食鑑』に縁起物として、「凡そ昆布は大饗《だいよう》（もてなしのこと）・嘉儀の贈り物として、冠婚寿生の賀を祝う。毎に庖厨（だいどころ）・茶会の菜菓とした」と紹介されている。昆布は台所に常備され、おかずに使われ、茶会には、しいたけと同様に菓子として使われていた

表4－2　古代から近世の文献にみられる昆布の記載内容

| 文献名 | 性質 | 食べ方 | 使用目的 |
|---|---|---|---|
| 続日本紀（791） | | | 献上品 |
| 本草和名（918） | 乾苔は熱，柔苔は冷 | | |
| 延喜式（927） | | | 交易雑物，供養料，供御 |
| 倭名類聚抄（935） | 無毒，やわらかい | 可食 | |
| 東大寺要録（1134） | | | 供養料 |
| 雍州府志（1344） | 味は良，微酸味 | | 若狭召昆布 |
| 尺素往来（15C中～後） | | 明け方の粥の副菜に焙りコンブ お茶請けに結びコンブ | |
| 宜禁本草（江戸初期） | 冷たく無毒 | | |
| 日用食性（1633） | | | |
| 庖厨備用倭名本草（1648） | 令，無毒，塩からい | 酢で食す | |
| 本朝食鑑（1697） | 滑らか，冷，無毒，甘，酸味，塩からい | 茶会の菜果として煮る 斎日の昆布だし，羹，菓，油具 | 慶賀の品，もてなし 貢献品 |
| 和漢三才図会（1712） | 美味 | 津軽産は味が落ちるので焙る，揚げる | |
| 採薬使記（1736） | | | 屋根に敷く |
| 南留別志（1736） | | | 慶賀の品，祝い物 |
| 寛政四年武鑑（1792） | | | 献上品 |
| 箋注倭名類聚抄（1827） | やわらか，強靭，紫赤色 | | |
| 倭訓栞（1831） | | | 貢ぎ物 |
| 婚礼推喚記（不明） | | | 婚礼の祝い物 |
| 年中定例記（不明） | | | 行事の祝い物 |
| 執政所抄（不明） | | | 御節供物 |

（今田節子ほか：ノートルダム清心女子大学紀要，**24**(1)，p. 45，2000）

ようである。

近世末の江戸、京坂の世態・風俗を記録した『守貞漫稿《もりさだまんこう》』（一八五三年）にも、揚昆布売りが、花見遊山《はなみゆさん》（花見遊参《はなみゆさん》）など人の集まる所へ売り歩く様子が紹介されている。そのほか、備蓄品として飢饉用の食料としても重用された。

## 5　はるかなるコンブロードにみるしたたかな販売戦略

現在の**昆布の消費量**を「家計調査年報」からみると、ここ数年**富山市がトップ**である。この消費地も実は昆布の輸送の歴史と大きなかかわりがある。北海道が日本の昆布の九〇％以上を産するにもかかわらず、最大の消費地は遠く離れた北陸地方の富山である。

この鍵を握る記述が、やはり『本朝食鑑』や『日本山海名物図会』（一七五四年）にあった。「北海道松前産の昆布を越前敦賀（福井県敦賀市）に水揚げして若狭に送って加工し、京の都に運ぶ」（『本朝食鑑』）とある。したがって、表4―2の若狭召昆布《わかさめしのこんぶ》は蝦夷のコンブが若狭で加工されたものを指していることになる。流通が未発達な古代では、貴人が食べる貴重な食べ物として扱われてきたようである。『日本山海名物図会』松前昆布の項には、海中のコンブを鎌で切り上げるなどの採取法や、松前から若狭まで運ばれ加工されたことなどが紹介されている。

富山は、能登半島を挟んで若狭の東側に位置し、薬売りで名高い地域である。この薬と昆布の取り持つ関係が、大阪、薩摩、琉球、さらに中国にまで、昆布が運ばれた道すなわち**コンブロード**を伸ばしていったと思われる。以前に富山を訪ね、昆布を商《あきな》う店が軒《のき》を連ねているのに驚かされた。このように昆布加工が現在も盛んな富山では、すでに江戸時代には全国的に薬売りを展開しており、彼らが**薬売りのルートを駆使《くし》して昆布の販売も手がけ広げていった**ことがわかる。しかも、明治期、北海道羅臼《らうす》町《ちょう》の人口のなんと八〇%が富山出身者であったようである。彼らが最北の地、羅臼に移り住み、コンブ事業に精を出し、故郷に送り込んでいた構図が浮かび上がってくる。

北海道で大量に採れるコンブを、日本国内でいち早く、かつ手広く、商売として成り立たせるためには、越中富山の薬売り商人たちの一大戦略があったというわけである。

蝦夷地の開拓とともにコンブの採取地も東に広がり、各時代ごとに種類の異なるコンブが採取され、それが日本海を**北前船**で運ばれた。したがって、昆布が運ばれた土地ごとにその昆布にあった食べ方がされ、「昆布の食文化」を形成してきたといえよう。

松前江差の**細目**（**細布**）**昆布**は東北地方の日本海側に運ばれ、函館の東側で採取される**真昆布**は北陸地方に運ばれ、ここで加工され、京都にも入っていった。次に噴火湾に入り、採取された**真昆布**と**三石昆布**は、瀬戸内海の北側を通り大阪に運ばれ、「昆布佃煮」に加工された。今も大阪が昆布加工品、とくに佃煮の一大産地であるゆえんである。道東の**長昆布**は、九州の西海岸を経て、沖縄に運ばれ、だしではなく煮物用として賞味された（図4―1）。それゆえ、沖縄ではかつては、「だし」として昆布を使う習慣はなかったが、最近は本土の影響を受け、昆布がだしとしても使われるようである。

さらに昆布は、琉球国（沖縄）の貢物のなかでも最重要品として、清国《しんこく》（中国）にまで、大量に運ばれていた。中国大陸は国の大きさに比して海岸線が少なく、とくに内陸の四川《しせん》、雲南《うんなん》、貴州省《きしゅうしょう》などでは、ヨウ素不足で甲状腺障害をもつ人々が多かった。彼らにとって昆布は食べ物というより「薬」として福音であったはずである。清国の返礼品は、織物、陶器、砂糖などであったが、中心は〝漢方薬〟の原料であった。これらを手助けしたのが薩摩藩であり、さらにこれを助けたのが富山の薬売りであったというわけである。昆布には、遠く北海道から大量に取り寄せるほどの価値があったこと、またそれを推し進める強大な政治力と商才があったことがうかがわれる。明治維新後は、中国琉球間の昆布貿易は終止符を打たれ、函館が日中昆布貿易の中心となった。

## 2 昆布だし

昆布だしは、江戸時代から「精進料理のだし」として重要な位置を占め、そして現在、昆布とかつお節でとった「混合だし」は、日本料理のだしの中核を担っている。

## 1　だしの成分

先に述べたように、昆布には、だしに向く昆布と向かない昆布があり、**おいしいと評価される昆布だしは、香りが弱い**ことが明らかにされている。さらに**グルタミン酸ナトリウム、マンニット、塩化カリウムの三成分が、ある特定の比率**（一三：二一：六五）**で存在するときに最も昆布だしらしい味を呈する**ことが見いだされている。マンニットは単独では甘味を、塩化カリウムは苦味を伴った塩味を有するが、これらの成分がグルタミン酸との相互作用によって昆布だしらしい味になるといわれている。[★3]

## 2　だしのとり方

料理書には、昆布だしのとり方について、さまざまな方法が紹介されている。

**昆布だしのとり方例**

① 昆布を、一晩水につけてとり出す。
② 水から昆布を加えて火にかけ、沸とう直前にとり出す。
③ 六〇度の湯に昆布を加え、沸とう後にとり出す。
④ 高品質の昆布を九〇度の湯に三〇秒〜一分間浸し、とり出す。

など、さまざまである。

大石圭一らは、水に対して二〜三%の真昆布または利尻昆布を用いてだしを調製した場合、利尻昆布は一五分間、真昆布は三〇分間、九〇度の場合はどちらも三〜四分間浸水させるのが適当であり、抽出温度は高温ほど粘度が高くなり、一〇分間以上浸水しても、粘度は変わらないとしている。

また、松本仲子らは、水に対して四%の利尻昆布を使ってだしをとった場合、遊離アミノ酸、アデニル酸、イノシン酸、ミネラル、マンニットは、抽出時間が長いほど、また抽出温度が高いほどよく溶け出すが、一〇度で六〇分間浸漬しただしが最もおいしいとしている(図4—2)。

## 3　だしの歴史

歴史資料をみても、昆布の具体的な食べ方についての記述は意外に少ないことは先に述べたが、だしとして使われるようになったのは、江戸時代あたりと考えてよさそうである。

現在の実用料理書の祖とされる『料理物語』（一六四三年）には、昆布について、「汁、に物、にあへ、くはし（かし）、むし漬け（みそ漬け）、だし、油揚げ、其外いろいろ」とあり、その用途の広さがうかがえる。また、『本朝食鑑』には次のような記述がある。「…あるいは、斎日《いみび》に煎汁《だし》をとって堅魚煎汁《かつおいろり》に代えたりする。僧家でも煎汁で羹《あつもの》を調味し、甜味（現うま味の意）を添える」とあり、忌日《いみび》にはかつお節のだしの代わりに昆布だしを使ったり、寺では煮物のだしとして昆布だ

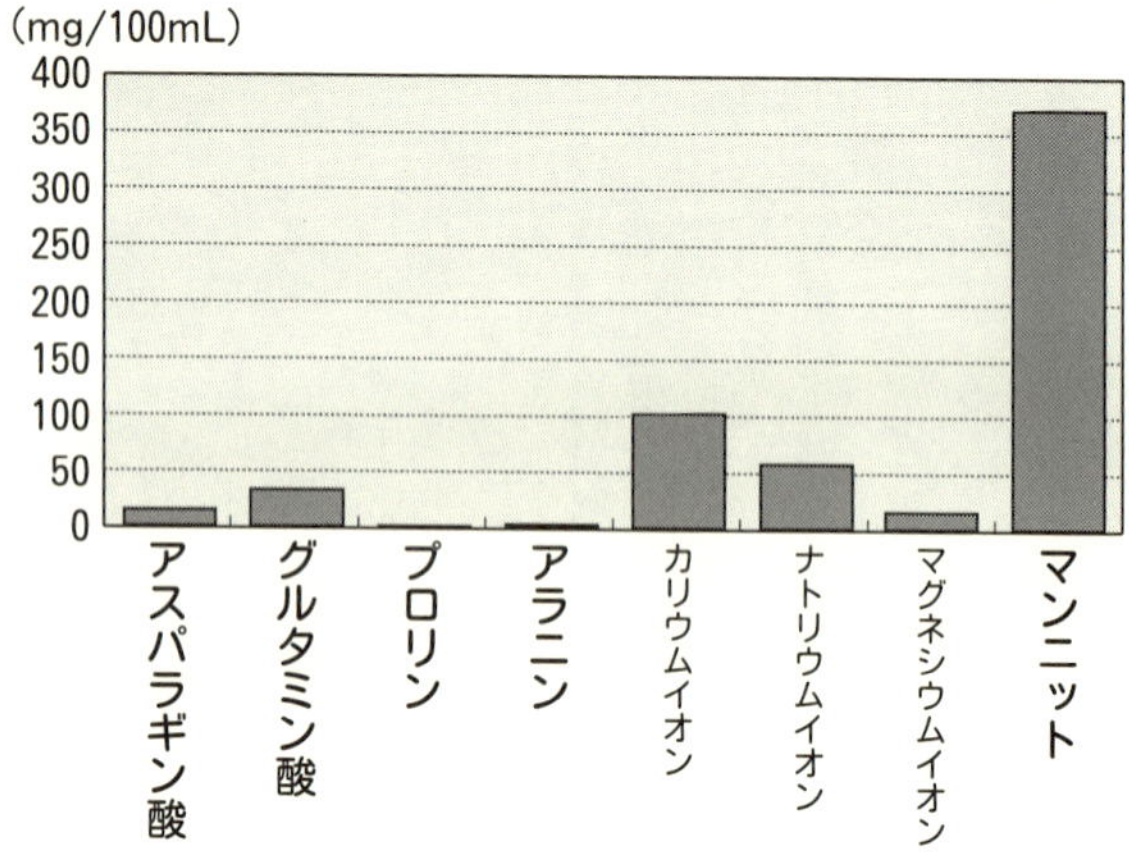


**図4－2　10℃60分間浸漬した昆布だしの呈味成分**
（松本仲子ほか：家政誌，40，883，1989 より作成）

しを使っていたようである。『和漢三才図会《わかんさんさいずえ》』（一七一二年）でも、「昆布の煮汁甚だ甜《あま》し。用いて鰹の煮汁に比すべし。…」とあり、昆布の煮汁はうま味がよくきき、かつお節だしと同じくらいおいしいとある。

現在のだしのとり方については先に述べたが、江戸時代の料理書では、昆布の使用量も現在より多く、しかも長時間加熱している。たとえば、『新撰庖丁梯《しんせんほうちょうかけはし》』（一八〇三年）では、長さ一尺（約三〇センチ）の昆布を一升五合（二・七リットル）の水で煮出し、その水量が一升（一・八リットル）になったら引き揚げるとある。

このように、江戸時代には日常生活に浸透していた「精進料理のだし」の素材として昆布が使われており（第6章参照）、そのとり方は現代とは異なり、長時間煮出しており、使用量も多い。また、味は当時一般的であったかつお節だしに勝るとも劣らないおいしさを評価されていたようである。


●引用・参考文献●

★1　畑江敬子ほか：こんぶだし成分の抽出量と条件、日食工誌、**四一**、七五五～七六二、一九九四

★2　船岡輝幸：Ajico News 一九二、食材の科学　一九九九

★3　上田要一ほか：食べ物のおいしさ、日本味と匂学会誌合冊、五七～六〇、一九九七

・　大石圭一：海藻の科学、四六～五八頁、朝倉書店、一九九八

・今田節子：海藻の食文化（日本水産学会監修）、五二～六二頁、成山堂書店、二〇〇三
・京都大学文学部国語学国文学研究室編：諸本集成　倭名類聚抄（本文編）、四三四頁、臨川書店、一九八一
・人見必大・島田勇雄訳注：本朝食鑑1、二五三～二五四頁、平凡社、一九八〇
・千葉徳爾：日本山海名産名物図会、二五九頁、社会思想社、一九七九
・谷川健一：和漢三才図会（二）、日本庶民生活史料集成　第二九巻、九一二～九一三頁、一九八〇

# 第5章 かつお節だし

十二月の内　卯月　初時鳥　三代歌川豊国画（1854）
〔㈶味の素食の文化センター所蔵〕

本章では、日本料理のだしのなかでも、香りという点でその特徴が際立っている**かつお節だし**を紹介する。江戸時代から現在に至るまで、料理のベースとして多用され、日本人の嗜好の原点であるとさえいえるだろう。

**カツオ**は、回遊魚であり、世界各地域で水揚げされる。日本では、保存性を高めるためにかつお節がつくられ、その後室町末期から江戸時代に、〝だし〟として発展・普及し、今日に至っている。インド洋に位置するモルディブ共和国（以下、モルディブ）でも一四世紀にはかつお節がつくられていたという記録があり、現在も生産されているが、だしとしての食べ方はなかった。

原魚であるカツオという魚の不思議さとその魅力、日本人とカツオとのかかわりの歴史、かつお節の製造過程で生のカツオがどう変わっていくのか、その変化をどのように利用してきたのか、かつお節のだしへの利用をなぜ日本人だけが成しえたか、健康への効用など、話題は盛りだくさんである。筆者自身がカツオにすっかり魅了され、本書のなかで最も多くのページを割くことになったことをお断りしておく。

『図説江戸料理事典』（松下幸子著）のだし（出汁）の項では、以下のように説明されている。

「煮出し汁ともいう。かつお節や昆布などのうま味成分を含む材料を煮出したり、水に浸したりしてうま味を抽出した汁。かつお節だし、かつお節と昆布の混合だし、煮干しだし、昆布だしなどがあるが、単にだしといえば「かつお節だし」を指す。また動物性材料を用いない精進のだしもある。だしは室町時代から用いられ、江戸時代には料理の心得の第一にだしのことがあげられ、汁物、煮物その他に広くだしが用いられるようになった」とある。

とはいえ、一般の庶民の食生活が、実際はどうであったかを知ることはむずかしい。当時の風俗誌『守貞漫稿《もりさだまんこう》』によれば、料理茶屋の料理には、江戸でも京坂でも、かつお節だしが用いられていたとある。一般庶民はともかく、少なくとも料理屋、料理茶屋ではかつお節だしが使われていたと考えてよさそうである。それぞれの料理の特徴は、**京坂**ではかつお節の煮出し汁に酒と醤油が加わり淡白な味であるのに対して、**江戸**ではかつお節の煮出し汁をみりんと醤油で味つけしてあるので、甘くて持ち味を損なうといわれている。

# 1 カツオ

## 1 「カツオ」はどんな魚?

〝目には青葉山ほととぎす初鰹〟、**カツオ**の訪れは俳句のなかで季語にも使われているほどである。カツオは毎年早春に日本南岸に姿を現す回遊魚であり、日本人にとってなじみ深い魚のひとつである。

縄文時代の貝塚からカツオの骨が出土していることからも、日本人が太古の昔からカツオを食べてきたことがわかる。カツオは、生物分類学的にはマグロと同じ**サバ科**に属し、赤道を中心に北緯四〇度から南緯四〇度の太平洋、大西洋、インド洋などの熱帯から温帯水域に広く分布する。産卵は周年にわたるが、幼稚魚は熱帯から亜熱帯海域で生育し、その成長は早い。カツオには**一生熱帯域に留まるタイプ**と**温帯域にまで北上回遊するタイプ**がある。後者は成長に伴って餌《えさ》となるプランクトンや小型魚の豊富な北方海域に回遊するが、近年、このルートが明らかになってきた。①黒潮の流路沿いに台湾・沖縄を経由するルート、②紀州の南側から北上するルート、③小笠原・伊豆諸島沿いに北上するルート、④さらにその東沖合のルートの四つである（図5―1）。

カツオはその**体温**を、「親のカツオ」では三〇度以上、「北上する若いカツオ」では二二度以上に保たなければ正常な遊泳行動はとれない。カツオは体内の血合筋部に動脈と静脈が密に接する特殊な熱交

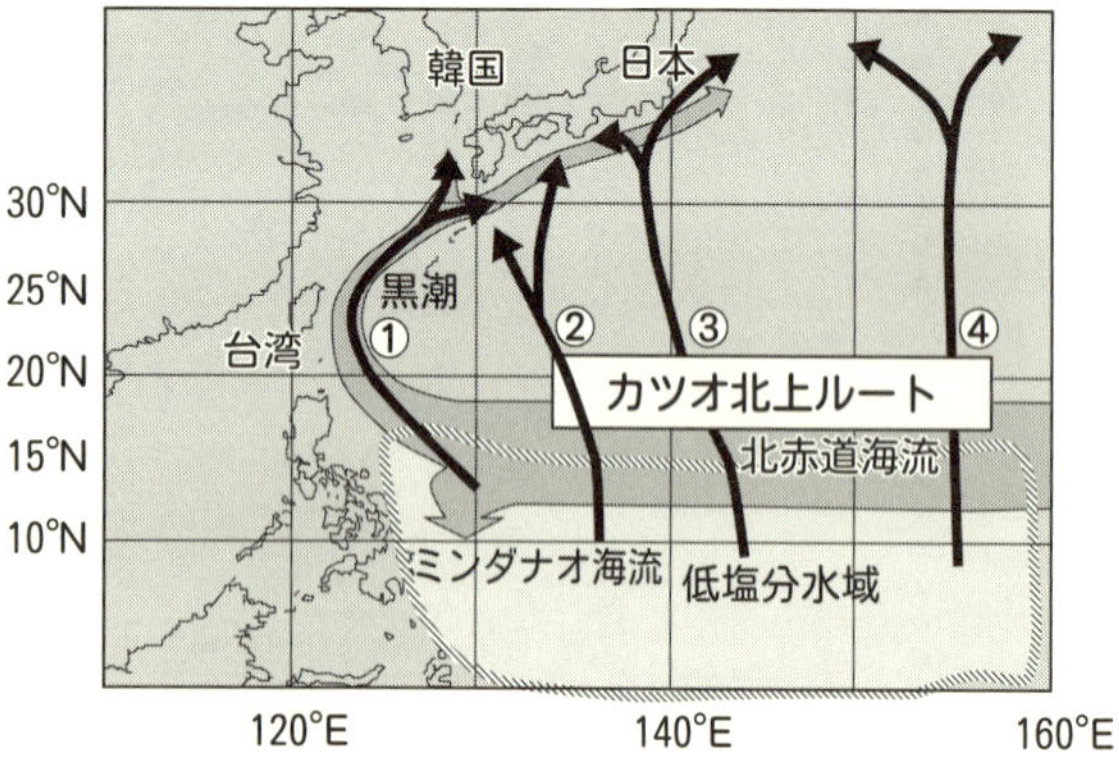


図5－1　カツオ北上の4つのルート

換機構をもち、エラで冷却された血液を温めて体内へ送り込むことにより、**外界水温よりも高い体温を維持**する。このような機構をもっているので、カツオは水温一五度の北の海にまで回遊することができるのである。また、カツオは体温を高く保ち、物質代謝や筋収縮、神経の興奮伝導を速くさせることにより、平均秒速七メートル、平均時速三〇キロメートルもの**高速遊泳を可能にしている。**時速八〇キロメートルになることもある。普通の魚、たとえば金魚やフナは水温が下がると体温が下がってしまい、じっと動かなくなる。カツオは動かなくなると沈んでしまうので、このような機構が体内に備わっており、一**時も休まず、しかも相当なスピードで一生泳ぎ続ける元気な回遊魚**というわけである。カツオの寿命は平均八年くらいといわれている。

以前、沖縄美ら《ちゅ》海水族館を訪れた折に、そこで見た水面すれすれをまるで暴走族のように猛スピードで一直線に泳ぎまくる魚が、実はカツオであることを知り、こんな元気な魚を食べてきた日本人の食を調べたいと思ったことが、筆者がかつお節だしについての研究を始めようと思ったきっかけのひとつでもある。

カツオは広く回遊する魚なので、**回遊海域によって魚体の脂肪含有量が変化する。**私たちはカツオを刺身にしたり、一度に大量に獲れるカツオを保存するためにかつお節にしてきた。これは、脂肪含有量の違いを利用していることになる。刺身は脂がのっているものが好まれるのに対して、**かつお節は脂肪分が魚体の一〜三%が最適**で、これ以上ではいいかつお節はできないとされている。

北の海に向かう途中の四～七月に獲れるカツオは脂肪が少なく、北の海から戻ってくる八～一〇月に獲れるものは脂肪が多い。これは、北に行くに従って海水温度が低くなることや、北の海は餌やプランクトンなど養分が豊富で、カツオは体内に脂肪を蓄えるからである。水温と脂肪含量の関係は、捕獲海域とも関係する。黒潮の流れに沿うかつお節生産地でも、昔から薩摩節や土佐節、伊豆・焼津節などを上質とし、三陸節がそれよりも劣るといわれてきたのも、捕獲されるカツオの脂肪含量の違いによることが多い。しかし現在では、近海ものにかわり遠洋漁業による南方のカツオが原料に使われるようになり、また流通機構の変化もあり、産地の違いで、その品質を論じるのはむずかしくなった。

また、私たちが鮮魚店で目にするカツオは、頭から尾に向かって伸びる縦縞《たてじま》模様が腹部にくっきり出ているが、実は、**生きているうちは縞模様のない魚**である。葛西臨海水族園によれば、遊泳中は逆に背中に横縞が出ることもあり、餌を食べたり、繁殖行動の際など興奮すると出るそうである。漁獲直後では淡い縦縞と横縞が混在しており、死ぬと縦縞のみになるというわけである。

## 2　世界のカツオ漁獲量と消費の概要

**世界のカツオ総漁獲量は年間約二六〇万トン**で、海域別では**中西部太平洋**での漁獲量が最

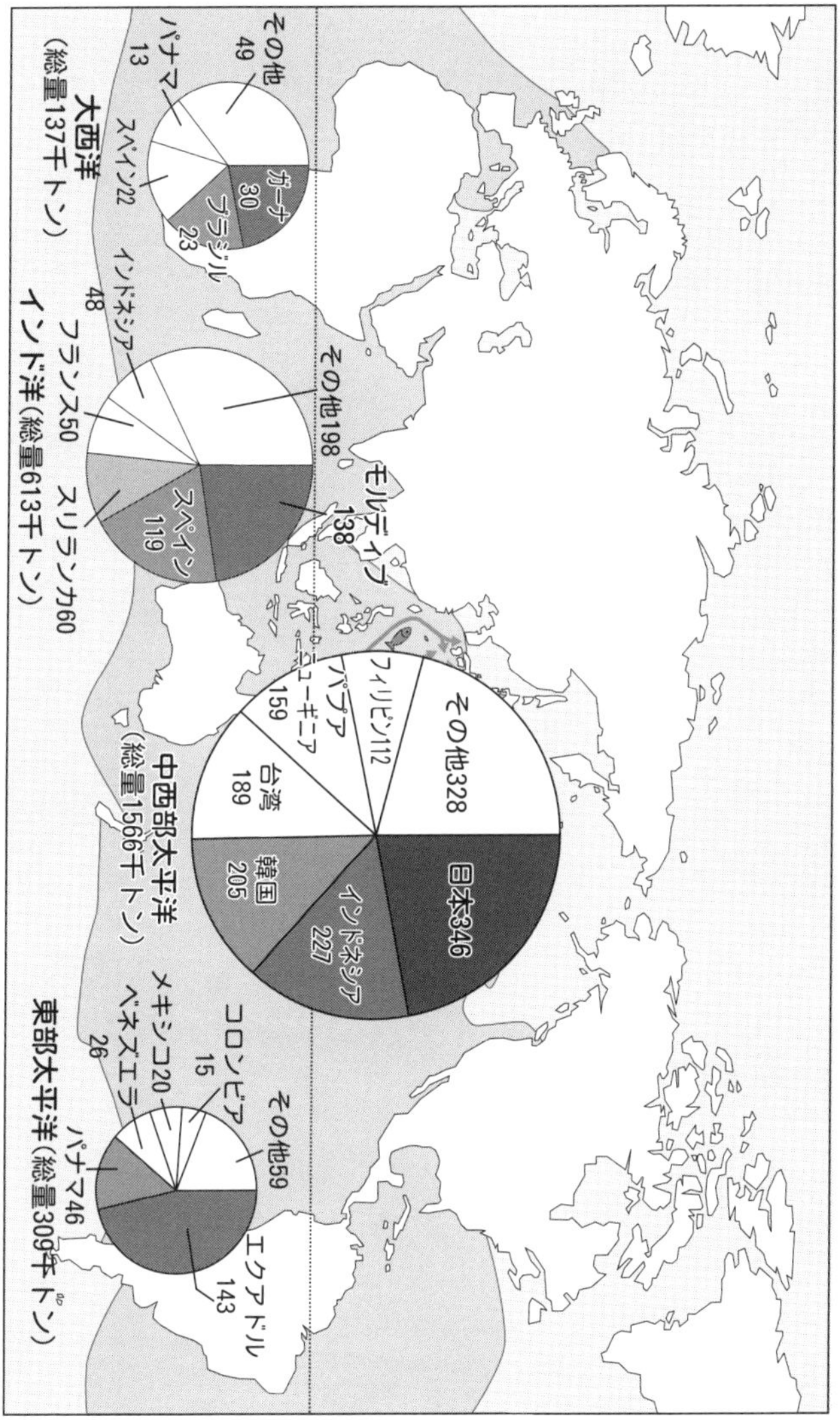


図5－2　世界のカツオの漁獲量（2006年）
（水産庁水産総合センター，2009より作成）

も多く、**インド洋、東部太平洋**がこれに続く（図5―2）。これらの地域で水揚げされたカツオは、現在では欧米向けに缶詰として供されるものが多い。世界のなかで、**カツオをマグロの一種と見なさないのは日本だけ**であり、他の国では、カツオの缶詰をツナ缶と表示してよいことになっているので、世界中でのカツオのみの用途を正確に把握するのはむずかしいが、サンドイッチやサラダの具材としての用途が多いということである。

次に、農林水産省「水産物流通統計年報」（二〇〇五年）から**日本におけるカツオの用途別出荷量**をみると、「生鮮魚で水揚げされた場合」は、生食用が五七％、かつお節・削り節等食用加工品としての用途が二六％を占める。「冷凍魚で水揚げされた場合」ではこれがほぼ逆転し、六三％強が加工用としてかつお節や削り節などの原料となり、生食用として一三％が供されている。生・冷凍を合わせた全水揚げ量における生食比率が、おおよそ四分の一を占めるのは世界的にみても希有な例といえるであろう。

それでは、カツオが水揚げされる地域ではどのように食べられているのか、日本国内外の事例を概観してみよう。

## 3　日本におけるカツオ水揚げ地域での食べ方

カツオ水揚げ地域やかつお節製造地域を訪ね、試食したもののなかで特記すべきものを表5―1に示した。つくり方については現地でのヒアリングと資料からの情報を参考にした。

**日本のカツオが水揚げされる地域**では、生食のほかに、カツオに親しむ人々ならではの知恵の詰まった特色ある料理があり、これらは古くからいい伝えられてきたものであろう。かつお節製造工程で残ってしまう頭は煮て、内臓は塩辛にして、骨は焼いて食べてしまうなど、余すことなく有効利用している。ほかに、回遊地域でのみ味わえるいわゆる戻りカツオの食べ方も付加した。戻りカツオは脂肪分も多く（秋獲り六・五％）、生食はもとより煮物、焼き物など料理の幅は広い。

## 4　日本以外のカツオ水揚げ地域での食べ方

カツオは赤道を中心にその生息海域は広いので、日本以外にも水揚げされる地域は多い。そのなかの一部にすぎないが、**カツオ料理**を表5―2に示した。この内容は、筆者自身の取材のほか、実際に取材した方からの聞き取りやそのレポートを参考にした。モルディブとスリランカについてはかつお節の項で改めて詳しく紹介したい。このほかにも、マレー半島の東海岸のタイ側の**パタニ**、マレーシア側の**ケランタン**、**トレンガヌ**ではカツオをマレー風のカレーに煮込んでかなり食べている。バナナの葉で包んだポピュラーな携帯食には米飯の脇に必ずカツオの煮込みが添えられているということだが、かつお節を見かけることはない。

表５－１　日本のカツオ水揚げ地域およびかつお節生産地域のカツオ料理

| 地　域 | 料理名 | つくり方 |
|---|---|---|
| 鹿児島 | ビンタ煮（p.65, 写真①） | 大鍋に湯をわかし，二つに割ったカツオの頭と塩を入れて薄い塩味で煮る。 |
| 高　知 | たたき | カツオを節におろして塩をふり，ワラの火であぶって，表面を焦がす。これを刺身状に切って塩と酢をふり，たたく。にんにくの薄切りをちらし，酢醤油をかける。 |
| 伊　勢 | てこね寿司 | 刺身状に切って，醤油とみりんを合わせ，沸騰後さました漬け汁に約５分漬け込み，寿司飯と合わせて手で捏ねる。元来は漁師料理。 |
| | 味噌たたき | 身と皮，骨を細かくたたき，味噌で味つけする。 |
| | 沖づくり | 皮付きのまま刺身につくり，味噌マヨネーズで食べる。新しい漁師料理。 |
| 伊豆田子 | ほし（心臓）と肝味噌あえ | ゆでた心臓と肝を白胡麻と砂糖・味噌を合わせてすったものであえる。 |
| | つるし骨 | 三枚おろしの中骨を塩水に漬け，焙乾する。 |
| | 塩がつお | 11月～12月につくる保存食で別名，正月魚。３月頃まで食べる。内臓を取ったカツオを頭を付けたまま丸ごと塩漬けし，樽に漬ける。２週間ほどおいて塩汁が上がってきたら，水で塩を洗って約５日陰干しにする。新巻鮭のように切身にして焼いたり，潮汁にする。 |
| 石　巻（戻りカツオ） | なめろう | 白味噌，生姜，ネギであえてご飯にかける。味噌たたきに類似。 |
| | ユッケ | 皮を残して焙り，ユッケ（中華味噌）をかける。 |
| | 酒盗 | 刺身をカツオの塩辛であえる（酒・みりん入り）。 |
| 共　通 | 塩辛 | 胃袋や腸を包丁で裂き中身を取り除いた後，包丁でしごき，水洗いする。壷に入れて塩をまぶし密閉し，一か月ほどして取り出し，切って食べる。 |
| | 腹皮（ハラモ・ハランボ） | 塩焼きが各地で食べられている。脂肪分が多く，味わいがある。酢の物などにもよい。 |
| | 心臓（ほし・ちちこ） | 鮮度のよいものは塩焼きにされる。煮物は醤油，みりん，生姜などと煮る。レバーのような味わい。 |
| 沖　縄（かつお節） | カチューユ（p.65, 写真②） | 厚く削ったかつお節一掴み（５～６ｇ）を器に盛り，好みの量の味噌を加えて，沸かしたての湯を注いで，かき混ぜる。醤油味，塩味のものもある。風邪や二日酔いのときなどに飲むとよい。 |
| 鹿児島 | 茶節 | カチューユと類似。削り節と味噌に茶を注ぐ。 |

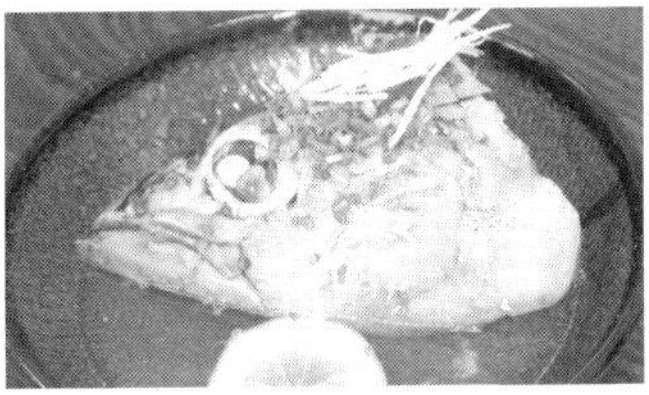

① ビンタ煮

② カチューユ

表5－2　世界の主なカツオ料理

| 国　　名 | 料　理　名 | レ　シ　ピ |
|---|---|---|
| モルディブ | ガルディア<br>（塩煮） | カツオを水煮して塩で調味するのが基本。チリペッパー，タマネギ，ライムジュースなどを入れることもある。<br>（p.104参照） |
| | マスフニ<br>（そぼろ煮） | ゆでたカツオをそぼろ状にし，削ったココナツを混ぜ，塩，タマネギ，ライム，とうがらしで調味する。（p.105参照） |
| | マスリハ<br>（カツオ入りカレー） | カツオをブツ切りにして各種香辛料と共に炒め，ココナツミルク，ライムジュース，塩を加えて煮込む。（p.104参照） |
| スリランカ | ボル・サンポール | かつお節のマリネ風サラダ。（p.109参照） |
| | ポテトカレー | （p.110参照） |
| | グリンピースカレー | （p.110参照） |
| イ　ン　ド | 魚のカレー | カツオの筒切りを焼いたものにカレーソースをかける。 |
| インドネシア | 煮込み | ココナツミルクなどで煮込む。 |
| ベ ト ナ ム | カツオの煮つけ | カツオの切り身をココナツジュースと魚醤で煮る。 |
| フィリピン | キニラオ<br>（生カツオのサラダ） | カツオのぶつ切り，タマネギ，塩，酢（ヤシ酒の酢またはカラマシー（すだち系）の汁）を混ぜる。ショウガ，キュウリ，トマト等を入れてもよい。 |
| ス ペ イ ン<br>（バスク地方の漁師料理） | マルミタコ<br>（煮込み） | カツオのぶつ切り，タマネギとニンニクを炒め，ジャガイモ，塩，水，パプリカを入れて煮る。 |

## 5　日本の食べ方との違い

**カツオが一年を通して手に入る地域**では、カツオの加熱料理や、カツオを煮熟《しゃじゅく》または煮熟後軽く焙乾《ばいかん》（かつお節づくりの項で詳述）した形で、その地域で手に入りやすい食材であるココナッツや香辛料や柑橘系のジュースなどで食べる。また、フィリピンの「キニラオ」（生カツオをマリネ風に酢や果汁で食するサラダ風のもの）を唯一の例外として、**カツオの生食は基本的になかった**。暑い地域であり腐敗しやすいということと、宗教上の問題のほか、日本のような〝豊富でいい水〟に恵まれなかったということも、生食が育たなかった要因であろう。しかし、一本釣りした鮮度の高いカツオに対し、日本人には到底理解できないほどのおおらかな（粗末な）扱い方を目のあたりにすると、彼らの食べ方のなかに、〝生食〟はありえなかったことを実感する。

カツオの食べ方に関しては、総じて**焼き料理がほとんどない**ことが特徴的である。とくに春獲りカツオでは、脂肪分が〇・五％と他の魚と比べて少なく、焼いてもおいしくないことや、魚体が大きく焼き料理に不向きなのであろう。

それでは次に、〝**日本では、今も盛んである生食が、いつごろから始まったものなのか**〟歴史をたどってみよう。

## 6　生カツオはいつから食べられていた？

考古学の研究から、東日本を中心とした海岸地域ではカツオの骨が多く出土し、縄文時代からカツオが食べられていたことが知られている。また、カツオが歴史資料に登場するのは『古事記』で、五世紀末ごろにはすでに大和朝廷での祭事や神饌《しんせん》に用いられていたことがうかがえる。古代の形を最もよく残しているといわれる伊勢神宮の朝夕の大御饌《おおみけ》（御祭神に捧げる食事）の副食物のなかで、堅魚《かたうお》（かつお）だけが固有名詞を明記されており、重要品目であったことがわかる。藤原京（六九四〜七一〇年）の宮殿跡から、贄《にえ》として献上された「生堅魚」と記された木簡が出土しており、当時の宮廷では生カツオが食べられていたと考えられる（写真5−1）。鎌倉時代につくられ、当時の宮廷の食について記録した書き物である『厨事類記《ちゅうじるいき》』にも、「生もの」の項に、「雉《きじ》の代わりにカツオを盛ってもよい」という記述もある。これら「堅魚」や「生もの」が、何を意味するかはよくわからない。中世に入ると、

写真5−1　藤原宮跡より出土の木簡
（写真提供：独立行政法人 奈良文化財研究所）

吉田兼好の『徒然草《つれづれぐさ》』のなかに、「昔は目もくれなかった生カツオに、最近は上流社会まで入れ込んでいる」と記されている。しかし、「かつをと云魚は、古は生にては食せず…」『貞《てい》丈雑記《じょうざっき》』（一七六三年）という記述もあり、やはり近世以前の生食については、実際にどのような食べ方がされていたのかははっきりしない。

## 7　江戸時代のカツオの食べ方

### (1)　刺身や膾

〝女房を質に入れても初鰹〟と川柳にも詠《よ》まれたほど、**江戸時代には刺身や膾《なます》など生食が主流**となり、一七〇〇年代後半、江戸市中では「初鰹」が異常な人気を呼んで価格が高騰し、幕府がたびたび禁令を出したほどであった。

江戸時代に入ると料理書が多く刊行されだしたので、江戸前期、中期、後期に分けて、これらのなかからカツオの食べ方に関する記述を調べてみた。

対象とした料理書は、『料理物語』〔一六四三（寛永二〇）年〕、『合類日用料理抄《ごうるいにちようりょうりしょう》』〔一六八九（元禄二）年〕、『古今料理集』〔刊年不記〕、『料理網目調味抄《りょうりもうもくちょうみしょう》』〔一七三〇（享保一五）年〕、『料理早指南《りょうりはやしなん》』〔一八〇一〜二二（享和元〜文政五）年〕、『素人包丁《しろうとぼうちょう》』〔一八〇三〜二〇（享和三〜文政三）年〕、『料理通』〔一八二二〜三五（文政五〜天保六）年〕である。

いずれも翻刻『江戸時代料理本集成』、現代語訳『日本料理秘伝集成』に所収の資料で、これらをまとめたものが表5―3である。

「カツオの食べ方」では、刺身や膾のような生食の記述はどの料理書にもあり、江戸三〇〇年を通して一般的だったようだ。さらに、この生食を、当時すでに普及していた**酢**や**酒**、**いり酒**などが後押ししていたことも読み取れる（いり酒については後に述べる）。そのほか、わさび、からし、みょうが、しょうがなど、現代にも通じる多様な**香味料**や**香味野菜**が、高頻度で使われていた。

刺身については、**霜降り**という表現もあり、腐敗しやすいカツオは熱湯に通したり、湯をかけたり、酒に浸すなど工夫して食べることが多かったようである。

『料理物語』、『料理早指南』にみられる「小川たたき」（写真5―2）も、カツオの生肉をたたき、杉板に今のかまぼこのように成型してのせ、上からさっと熱湯をかけたもので、やはり火を通す料理例である。『料理早指南』では、やまいも、大根の絞り汁、酢醤油などで臭みを消す食べ方が紹介されている。そのほか、なまり節を刺身のようにして食べる調理例もある。

また、水戸徳川家に伝わる料理書『食菜録』（九代藩主斎昭が編纂したもので、二九〇種に及ぶ

**写真5－2　小川たたき**
（福田　浩氏による再現料理，手前はいり酒）

にみるかつお料理（抜粋）

| 料理網目調味抄 | 料理早指南 | 素人包丁 | 料理通 |
|---|---|---|---|
| 1730 | 1801－1822 | 1803－1820 | 1822－1835 |
| いり酒 | 花がつを，かつを(酢しゃうゆ) | いり酒 | つくりかつほ，いり酒 |
| | とろ鰹 | | 花かつを |
| 平造り，いり酒 | 当座なまり節，鰹(霜降り)，いり酒，花かつを | いり酒。よりかつを | めじかかつを，松魚，いり酒 |
| | | | |
| | | | |
| | かつを | | |
| | | | |
| | | | |
| | | | |
| | | | |
| | かつを | | |
| | | | いり酒酢 |
| | | | |
| | | | |
| | | | |
| | 花がつを，かつお節の出し | | はなかつを，鰹すりながし |
| | かつを，花かつを，煎酒 | よりかつを | |
| | | かつをの出し | |
| | | | よりかつを |
| | | | |
| | | | |
| | | | |
| | | | よりかつを |
| | かつをぶし | | |
| | | 花かつを | |
| | | | |
| 鰹 | | | |
| | | | |
| | | | |
| | | | |
| | | | |
| | | | |
| | | | |
| | | | |
| | | | |
| | | | |

表5－3　江戸時代料理書

| 書　名 | | 料理物語 | 合類日用料理抄 | 古今料理集 |
|---|---|---|---|---|
| 料理の種類＼刊年 | | 1643 | 1689 | 刊年不記 |
| 生 | なます | 生鰹，花鰹 | いり酒 | 鰹，いり酒 |
| | どんぶり | | | |
| | さしみ | 生鰹 | 鰹，いり酒 | かつを，なまり節，いり酒 |
| | 酢さしみ | | | かつを，なまり節 |
| | 酒ひてさしみ | | | かつを |
| | 小川たたき | 小川たたき | | |
| | 火焼膾 | | | かつを |
| | ぬた膾 | | | かつを |
| | からしぬた膾 | | | かつを |
| | 沖膾 | | | かつを |
| | 酢みそ物 | | | なまり節 |
| | 会席膾 | | | |
| | 生盛り | | | よりかつを，平がつを |
| | もりこぼし | | いり酒，かつほ，はながつほ | |
| 汁物 | 汁物 | 生鰹 | | 鮮魚，はなかつを，なまり節 |
| | 吸い物 | | | かつを |
| | 摺ながし | | | |
| | こくせう | | | かつを |
| 煮物 | 煮物 | | | なまり節 |
| | 酢いり | 生鰹 | | かつを |
| | 粕煮 | | | かつを |
| | 煎物 | | 花かつを（いり鳥） | かつを，なまり節 |
| | 煮物（添えか） | | | 平かつを，なまりぶし，かつを |
| | 煮びたし | | | |
| | しぐれ煮 | | | |
| | 煮染 | | | 平かつを |
| | せんば | 生鰹 | | かつを |
| | 茹でる（にとり） | 生鰹 | | 鰹ぶし |
| | 酒ひて | | | かつを，よりがつを |
| | なべやき | | | かつを |
| | 五さい | | | かつを，なまり節 |
| | 田夫煮物 | | | 平かつを |
| | 田夫 | | | かつを |
| | 雑煮 | ひらがつお，いり酒 | | |
| | しゅんかん | | | なまり節 |
| | 雉もどき | | 鰹（三枚卸） | |

水戸家の料理法が記載されている）のなかでも、刺身に湯をかけたり、酒に浸したりといった工夫がみられる。正月までの貯蔵法として四つおろしにして、からしと醤油に交互につける方法なども紹介されている。

## (2) たたき

江戸の料理書にみられる「たたき」は、次のようにつくられ、現在の「たたき」とは異なるものである。

『日本山海名産図会』（一七九九年）に「鰹魚のたたきというものあり。即ひしおなり。勢州、紀州、遠江の物を上品として相州、小田原これに次ぐ。…」とある。また、水戸藩の献上品のなかに「川尻肉醤（たたき）」という品があり、肉醤をつくった独特のたたき包丁は川尻の旧家に現存するという。たまたま日立市を訪れた折、川尻という地名に出会ったが、残念ながらその旧家までは見つけることができなかった。さらに、『四季料理献立』（一七五〇～九〇年）などにも「鰹《かつお》のたたき」のつくり方が紹介されている。「カツオの皮、頭、大きな骨を除き、よくたたき、塩を加えて、器に入れて紙ぶたをして、日なたに置き、途中かき混ぜながら、一〇日程でき上がる」とある。そのほかに、『本朝食鑑』では食べ過ぎや未熟な醤《ひしお》についての記述などもあることから、江戸時代の「たたき」はカツオの塩辛類で、広く普及していたといえよう。

# 2　かつお節

今まで述べてきたように、カツオを刺身やたたきなど生で食べる日本の食習慣は、世界のなかでも独特なものであり、しかもその歴史は少なくとも江戸時代に遡《さかのぼ》ることができた。とくに、江戸時代の人々の生食好きには、目を見張るものがあった。しかし、今のように流通が発達していない時代には、生で食べられる地域は限られるうえ、カツオはたいへん傷みやすい魚なので、人々は、「保存」することを考えて、**かつお節づくり**に挑戦したのである。

ここでは、かつお節について、そのつくり方や、その工程のなかで生の魚の成分がどのように変化するのか、また歴史的にみるとどうであったのか、日本以外の国ではどんな状況なのか、などについて紹介する。

## 1　かつお節づくり

「かつお節づくり」はそもそも、ある時期にたくさん獲れるカツオを保存する目的で行われたものであり、水分を減らすことが最大の目的であるが、製造工程中にさまざまな変化がおき、香りや呈味が格段に向上する。そして近年、機能性についても多くのことが明らかになってきている。

現在、国内で行われている一般的なかつお節製造工程を、順を追って説明していく（写真5―3）。

かつお節は、カツオを生切りし、煮熟後に焙乾した**荒節**と、さらに水分を除去し保存性を高めるためにこれにカビづけを施した**枯節**に大別できる。

**① 生切り**　カツオの頭を切り落とし、内臓、背びれを取り除き、三枚におろす。二キログラム以下のカツオはそのまま製し、仕上がったものを**亀節**という。それ以上の場合は、左右それぞれの片身を背身と腹身におろし、四本の節とする。仕上がったものは**本節**といい、背と腹の節をそれぞれ**雄節**、**雌節**という。

**② 煮熟**　煮籠に並べ、九五～九八度の水中で一～一・五時間煮熟する。**煮熟**によって、タンパク質を変性させると同時に酵素を失活させて、水分を放出しやすくするのである。

**③ 焙乾**　数時間の燻乾《くんかん》と夜間の放冷を約一〇～一五日間くり返し、**荒節**となる（水分一七～二〇％）。**燻《いぶ》す**ことによって魚の生臭みを除き、好ましい呈味成分をできるだけ残し、好ましい香り成分を付与することができる。

焙乾の火源はナラやクヌギ、サクラといった堅木である。

直接火をあてる直下型で、絶妙な勘がものをいう**「手火山」方式**と、能率化と省力化を目

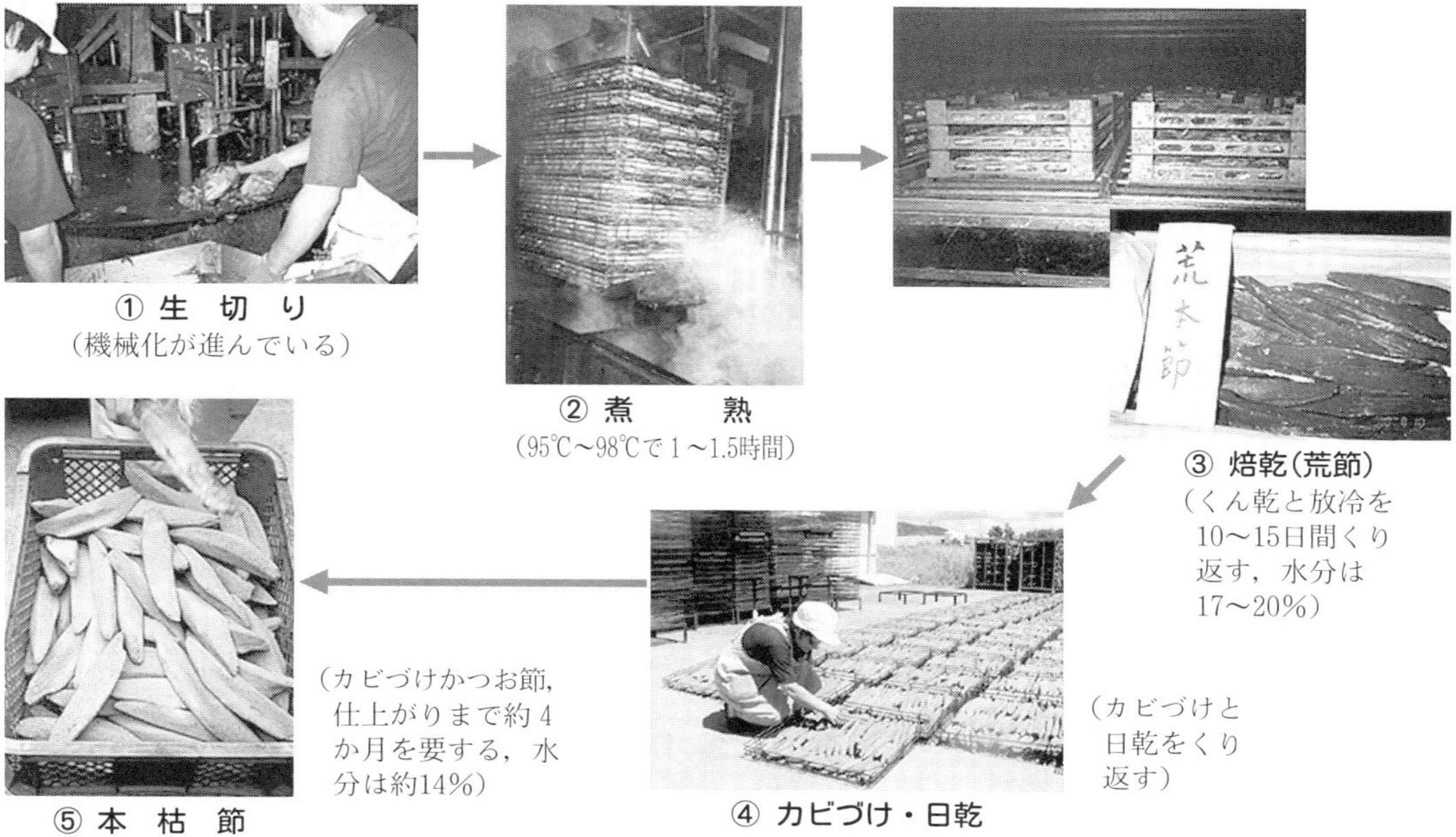

① 生　切　り
（機械化が進んでいる）
② 煮　　　熟
（95℃～98℃で1～1.5時間）

③ 焙乾（荒節）
（くん乾と放冷を10～15日間くり返す，水分は17～20%）
④ カビづけ・日乾
（カビづけと日乾をくり返す）
⑤ 本　枯　節
（カビづけかつお節，仕上がりまで約4か月を要する，水分は約14%）

写真5－3　かつお節の製造工程

指す**「急造庫」**（焼津式焙乾庫）**方式**があり、現在は大量生産を目指しており、後者が主流となっている。

**④ 削 り**　害虫を防ぎ、優良カビの発育を促すために、表面に付着しているタール、油分を除去する。これを**裸節**と呼ぶ。一般的にカビづけしないものは、現在裸節の形で流通している。

**⑤ カビづけ**　さらに水分を減らすための工程。二五〜二八度、相対湿度七五〜八五％のムロに入れると、約二週間でカビが生える（一番カビ）。カビを払い落とし、日乾して再び次のカビづけに入る。これをくり返し、やがてカビが生えなくなるのに約四か月を要する。これが、**本枯節**（仕上節ともいう、水分約一四％）である。

現在は生切り工程などは機械化が進んでいるが、焙乾工程など、職人の勘に頼る作業が多い。

かつては多かったかつお節製造地域も、現在では焼津・伊豆（静岡県）と、枕崎・山川（鹿児島県）などに集約されている。冷凍技術、遠洋漁業が発達し、海外からの冷凍カツオの水揚げも増加した。また現在は、**フィリピン**を筆頭に**インドネシア**、**中国**など**海外で**、**荒節まで加工して**、**日本に輸出するケース**が多くなっている。これらの地域でのかつお節づくりのほとんどは、日本の資本と技術導入によるものであるが、すべて荒節で、カビづけ工程は日本でのみ行われている。

しかも、国内でカビづけ工程まで行っているのは鹿児島県枕崎・山川と伊豆田子などごく一部に限られ、ほとんどはカビづけを行なっていない。このため、日本における、かつお節の生産量全体のなかでの枯節の比率は、風味調味料や削り節などへの利用など、荒節の用途開発が著しく進んだことにより、相対的に大きく減少しているのが現状である（図5—3）。

## 2 「なぜ」かつお節ができる？

生カツオを節にする過程のなかで、どのような変化が起こるのか。工程中のさまざまな成分変化については、多くの研究がなされてきたが、残念ながら明確な結論が得られていない。それは、かつお節が、回遊魚である天然のカツオを原料として製造されるので、**カツオが捕獲された季節、海域などがいっしょでも、その生育履歴、発育状態の違いなどにより成分が大きく変動するため**である。

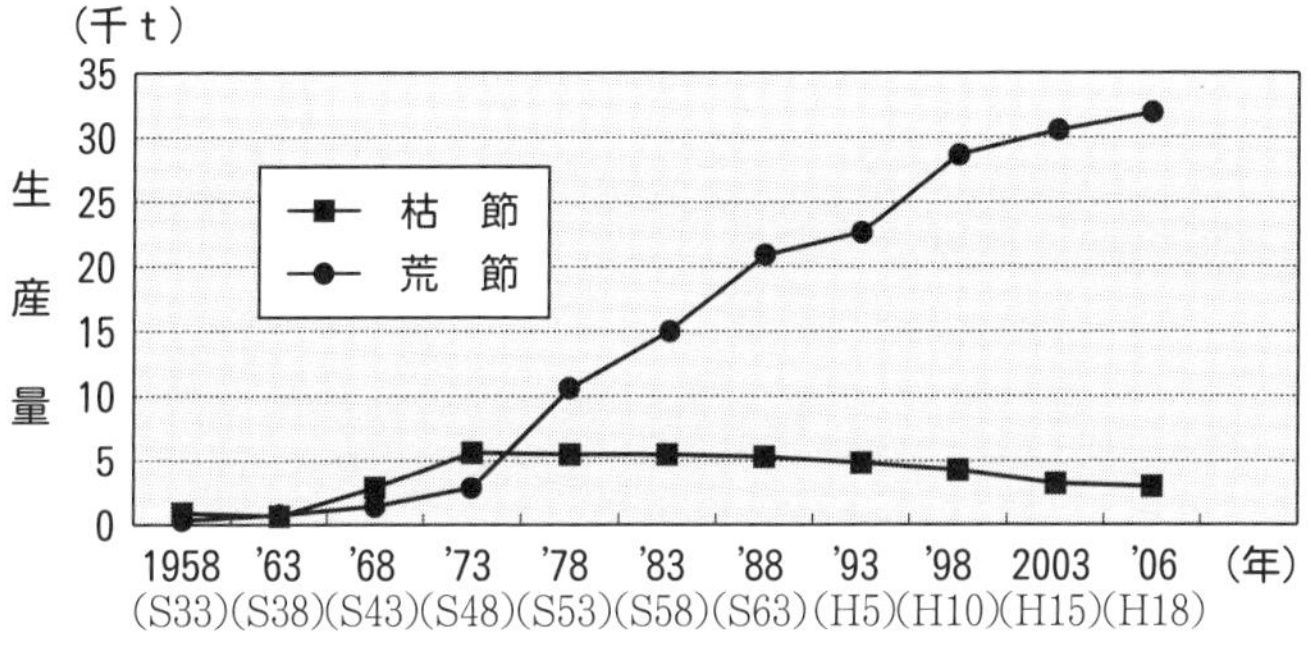


**図5－3　枯節、荒節別生産量の推移**（枕崎・山川・焼津）
（㈱富士冷資料より作成）

筆者らも、カツオの個体差を除くために、一尾のカツオを半身に分けて、かつお節製造の各工程の前後で成分を比較してみたが、残念ながら、すべての成分の増減を結論づけるのはむずかしかった。ここでは、味や機能性に関与する成分の変化のうち、その傾向が先行研究とおおよそ一致したものを紹介するにとどめた。

（試料提供：㈱マルモ、分析協力：味の素㈱）

### (1) 水分の変化

かつお節製造は保存のために水分を減らすのだが、これに関しては、明確な結果が得られている（図5―4）。

生のカツオが、**煮熟**により水分が七〇％前後から六六％程度まで減少し、**焙乾**で一気に二〇％以下に減少し、さらに**カビづけ**により一四％程度に減少した。水分が一三～一四％という数字は、おそらく加工食品のなかでも非常に堅い食品といえるであろう。カビづけによる乾燥とは、簡単にいえば、カビが、生育に必要な水分を、かつお節の組織の奥深くまで菌糸を伸ばして吸収していくというものだが、

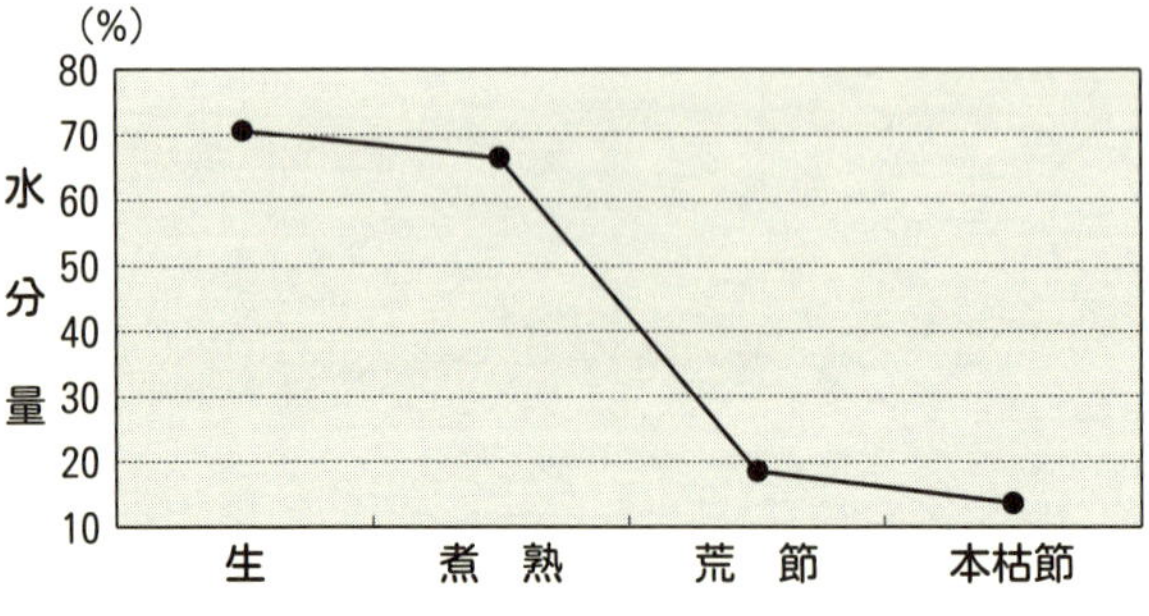


図5－4　かつお節製造工程中の水分量変化

現代の最新鋭の科学技術を駆使しても、カビの作用なしでは、ここまで水分を減らしたかつお節をつくることはできないといわれている。その前に、ひびが入ったり割れたりしてしまうからである。

カビづけによる乾燥法の起源は、江戸時代に、荒節を輸送する間に生えてしまった、いわゆる「道中カビ」であったといわれている。〝偶然のなせる業〟であったとはいえ、これにヒントを得てカビづけの回数を重ね、究極まで水分を除き保存性を高めた日本人の知恵と努力には感服する。

**かつお節カビ**は学名を〝*Eurotium herbariorum*〟という。この菌は、*Eurotium repens*と*Eurotium rubrum*の二種の菌種とする見解もある。好乾性の菌であり、水分が二〇％前後の荒節のような環境ではよく生育する。かつお節の水分の減少に伴い、青色からやがてカーキ色、成熟するに従い、茶色に変化する。**したがって、カビの色によってかつお節の乾燥状態が判断できる**ということになる。

### (2) 脂質の変化

「かつお節中の脂質」は上級品ほど少ない傾向にあるといわれているが、工程中の変化をとらえるのはバラつきが大きく、むずかしいというのが実感であった（図5―5）。

脂質の変化について長年研究を続けている和田俊氏によれば、次のようになる。

**カツオに多い脂肪酸**はパルミチン酸（飽和脂肪酸）、オレイン酸（不飽和脂肪酸）、ドコサヘキサエン酸（DHA）*であり、通常油脂はグリセリンに脂肪酸が三つ結合した**トリグリセリド**の形で存在している。このほかに、**リン脂質**や**遊離した脂肪酸**も存在する。トリグリセリドは蓄積脂肪であり、かつお節の製造工程中でかなり変動する。それに伴い、リン脂質、遊離脂肪酸も変動する。

生のカツオの脂質はほとんどがトリグリセリドで、次に二〇％程度のリン脂質である。つまり、蓄積脂肪は八割弱、リン脂質が二割、遊離脂肪酸はほとんどない。

**煮熟**により、皮下脂肪層が取れ、相対的にトリグリセリドが顕著に減少し、逆にリン脂質が組成比として増えた形となる。しかし割合ではトリグリセリドが依然として多い。

つづいて、**焙乾**により、リン脂質が取れて、トリグリセリドが組成比として多くなる。これを削ると（七六頁参照）、焙乾時に表面についた遊離脂肪酸が取られ、大きく組成が変化する。

さらに**カビづけ**後、トリグリセリドが著しく減少して、

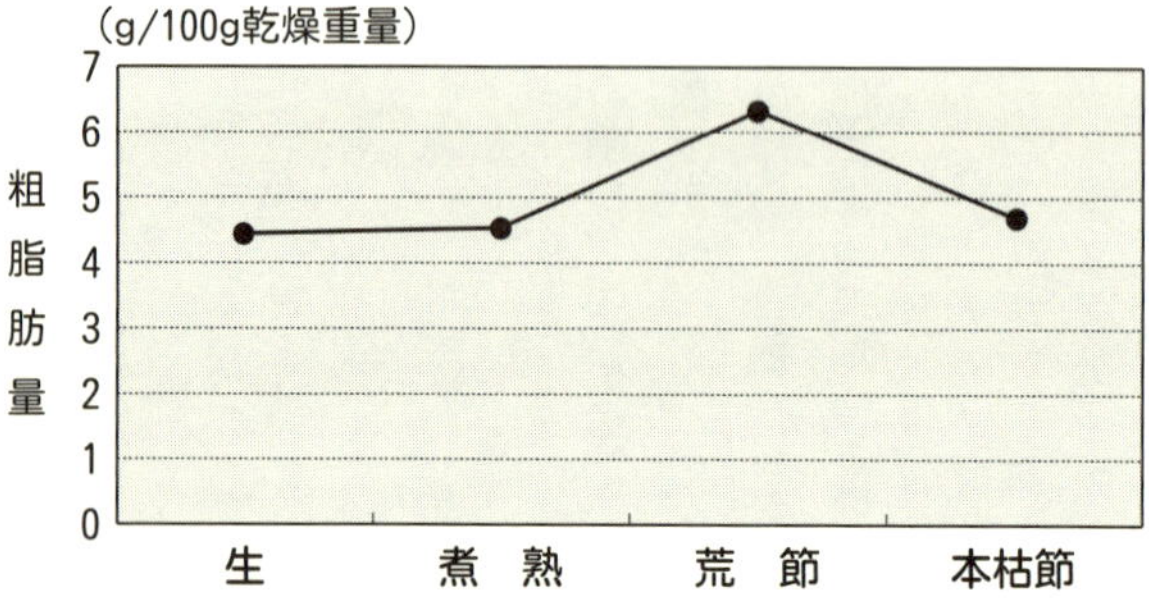


図5－5　かつお節製造工程中の粗脂肪の変化

とで、遊離脂肪酸が増える。これはカビの酵素であるリパーゼがトリグリセリドを加水分解することで、遊離脂肪酸ができてくることを意味している。

また、たいへん興味深いのは、**カビづけしたかつお節のなかには、DHAが多量に残存しているが、カビづけをしていないかつお節にはDHAが少ない**という現象である。一般的に高度不飽和脂肪酸であるDHAのような物質は酸化しやすいために、かつお節のような保存食品にはほとんど残存しないはずであるにもかかわらず、かつお節ではたくさん残存しているという。これもカビづけしたかつお節の大きな特徴といえる。

ごく最近の研究から、以下の仕組みが解明されだした。すなわち、かつお節のカビは、主に、パルミチン酸とオレイン酸を資化〈栄養分とする〉してカビ自身が育つ。その際、DHAは使わないので、かつお節の中に油として保存されるというのである。[★1] かつお節の表面はカビにより覆われ、酸素が遮断《しゃだん》された状態であり、かつ水分もほとんどないので劣化もない。自然のなせる業とはいえ、日本が誇る伝統食品のかつお節は、なんとすばらしい食品であろう。

ついでながら、**カビづけかつお節**（**枯節**）**でとっただしには濁《にご》りがない**といわれるが、次のように推察できるのではないだろうか。

飽和脂肪酸は乳化してにごりやすい性質をもつ。これに対して、カビづけ後に多く残存するDHAは高度不飽和脂肪酸であり、しかも水溶性タンパク質も変性してだしには溶出しないので、これでとっただしは濁らないといえるのではなかろうか。

＊ＤＨＡ：魚油に多く含まれ、動脈硬化の予防、記憶の向上に効果があるとされる。

### (3) うま味成分の変化

新鮮な魚には、**アデノシン三リン酸**が多く含まれ、この成分が煮熟、焙乾などの加熱工程で一気に**イノシン酸**に変化するといわれている。このイノシン酸は、魚介類の最も重要なうま味成分のひとつとして知られている。

個体差はかなり大きいものの、筆者の実験でも、煮熟によりイノシン酸が著しく増加した。さらに続く焙乾、カビづけの工程では含有量に変化はなかったことから、**煮熟工程が、かつお節の主要なうま味成分であるイノシン酸の生成に最も重要な役割を果たしている**といえそうである（図５—６）。

### (4) 乳酸の変化

かつお節の呈味成分のなかで、**乳酸**は最も含有量が多く、

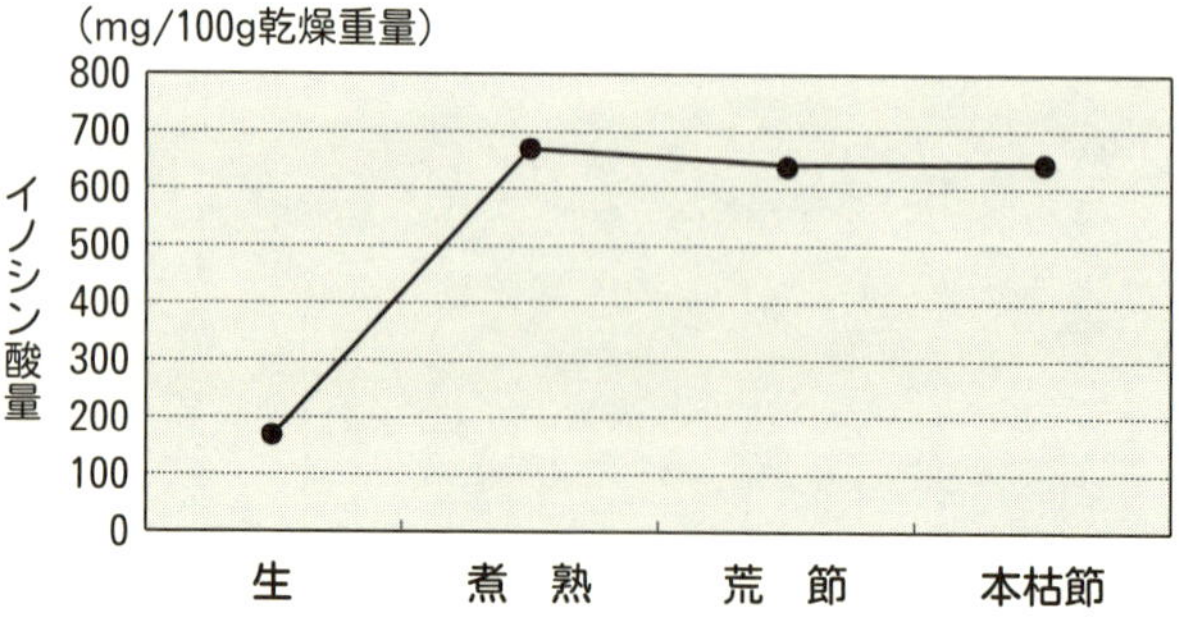


図５－６　かつお節製造工程中のイノシン酸の変化

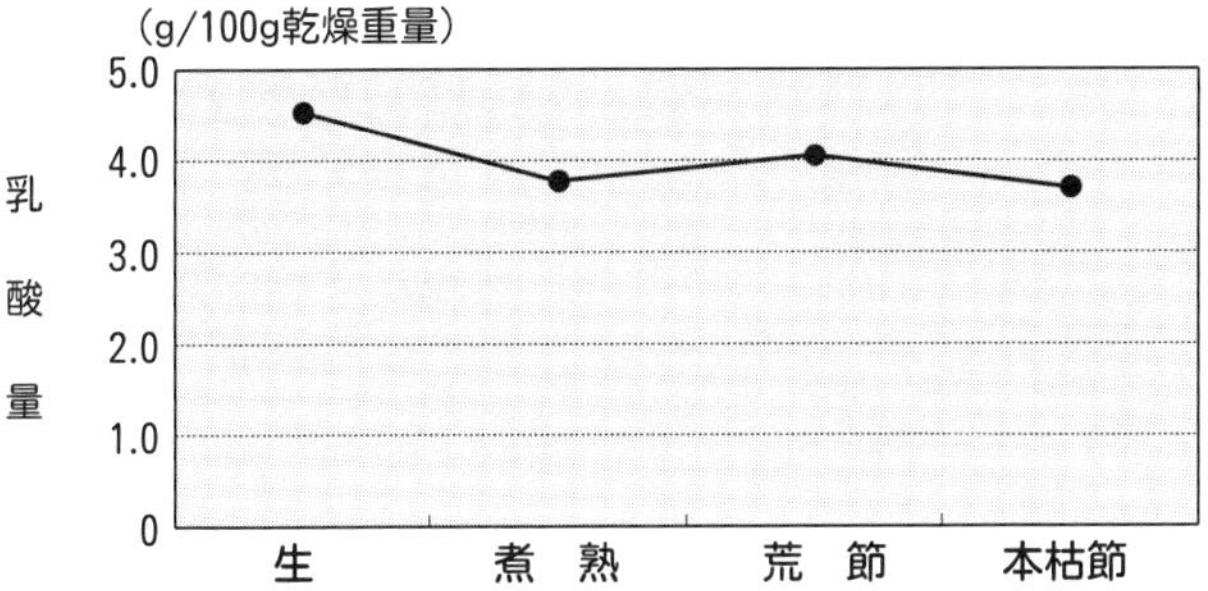


図5－7　かつお節製造工程中の乳酸の変化

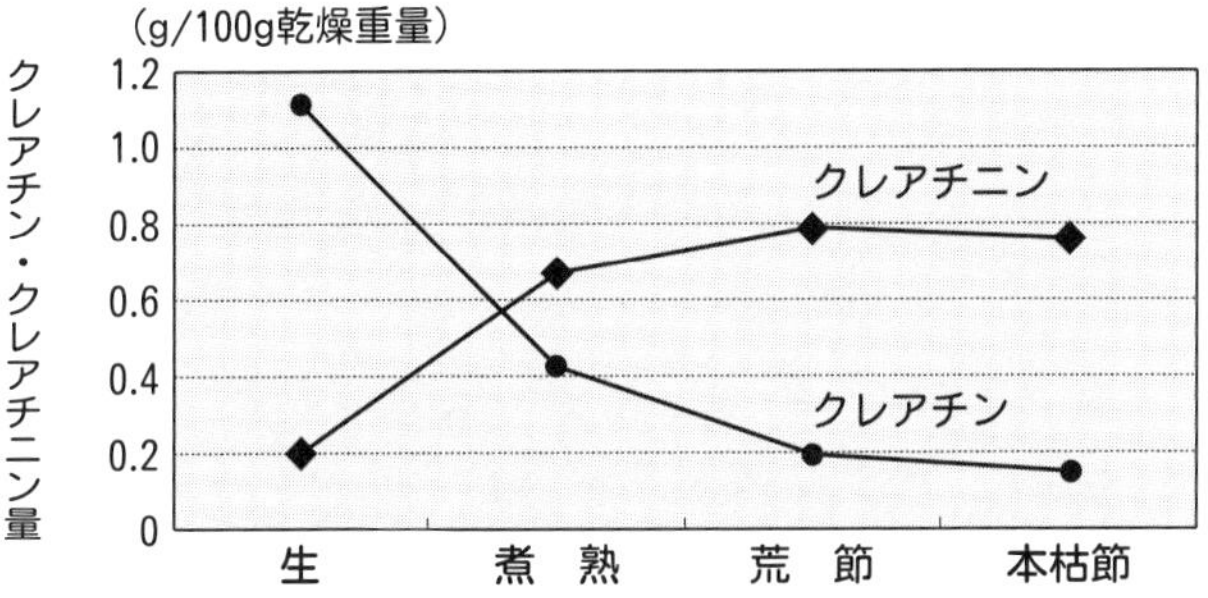


図5－8　かつお節製造工程中のクレアチン，クレアチニンの変化

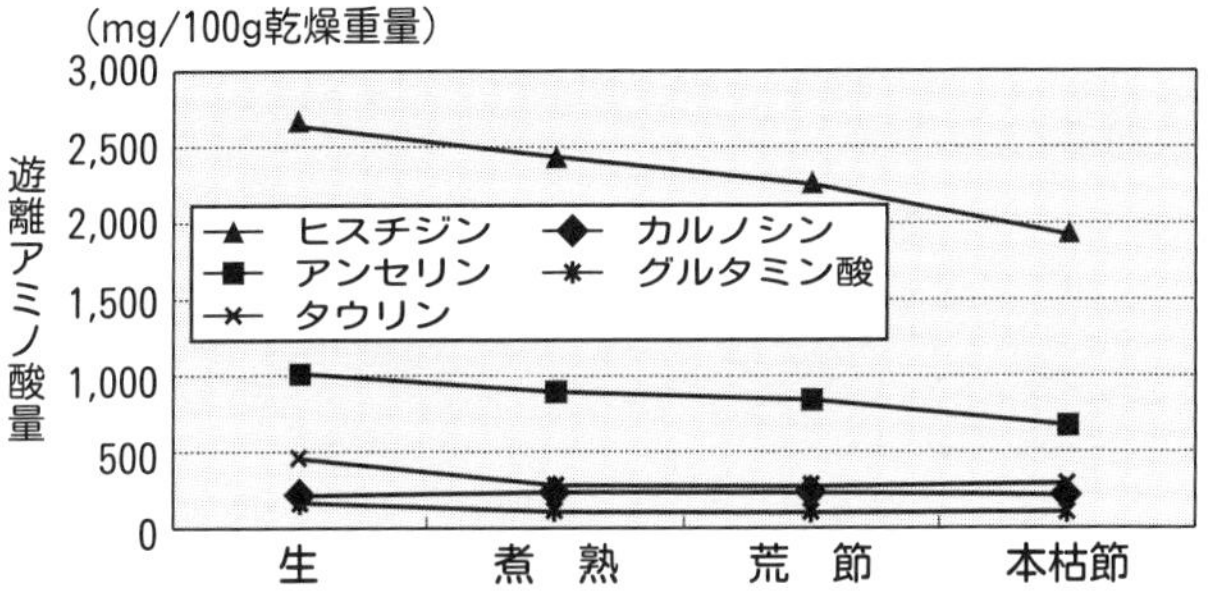


図5－9　かつお節製造工程中の遊離アミノ酸の変化

味全体をまとめる効果のほか酸味とうま味に関与しているといわれる。製造工程中、煮熟により減少し、焙乾ではほとんど変化せず、カビづけ工程で減少した（図5―7）。

### (5) クレアチン、クレアチニンの変化

生魚の筋肉に多く含まれている**クレアチン**は、煮熟工程で**クレアチニン**に変化する。カビづけ工程ではクレアチニン含量が減少している。クレアチニンは、「だしの味」の観点からはおいしい味とはいいがたいが、これが「こく」などに関与している可能性もあるといわれている（図5―8）。

### (6) 遊離アミノ酸などの変化

**グルタミン酸**、**グリシン**、**アラニン**、**ヒスチジン**、**アルギニン**、**プロリン**などが、魚介類の味を構成する重要なアミノ酸である。これらのアミノ酸は、有機酸、ペプチドなどの他の呈味成分との相互作用により、魚介類の味に関与しているようである。原料カツオ肉中の遊離アミノ酸では、ヒスチジンが圧倒的に多く、次いで、タウリン、リジン、アラニンが多く存在する。アンセリン、カルノシンなども含めて、工程中の変化を図5―9に示した。

### (7) 香りの変化

「かつお節の焙乾」には、**ナラやクヌギなどの落葉樹**が用いられる。これらは、ゆっくり燃えるので、不完全燃焼でできた有機物が節に付着して独特の香りを生む。

**かつお節の香気成分**に関しては、これまで約三〇〇から四〇〇種類と多くの成分が同定されているが、一成分で香気を特徴的に表すものはなく、**多成分の微妙なバランス**によってかつお節香は形成されていると考えられている。かつお節を削った瞬間のえもいわれぬ香りは**削り香**といわれるが、削ってしばらく経つと香りが変わってしまうほど繊細なものである。

かつお節香気の形成には、焙乾工程中の**フェノール類**と**ピラジン類**が大きく関与すると考えられている。「フェノール類」は燻煙中に多く含まれている成分で強い酸化防止作用があり、煙からかつお節に移行し、「ピラジン類」は焙乾工程中に化学的な反応を起こして生成するようである。

かつお節のフレーバーの発現には、4**種類の成分群が関与する**と考えられる。揮発性の含硫化合物が関与する**肉質的な香り**、ピラジン類が関与する食品的な香ばしさを示す**焙焼香**、フェノール類が関与する**燻煙香**、さらに、魚の特徴を示すような、たとえば**生臭い**ようなエッセンスが少し加わると、「かつお節らしい香り」になるといわれているが、微量のため現時点では同定できていない。★2

カビづけをした**枯節の香り**は、さらに複雑になる。カビづけ前に表面を削るので、燻臭成分の総量が減少し、さらにカビをつけることによって、燻臭成分の一部が化学変化を起こし、ベラトロールなどの香気成分が生成することが最近明らかになった。枯節が荒節よりマイルドに感じるのはそのためといわれている。

ちなみに、かつお節の**血合い**は、背や腹部分に比べて香気成分含量が多いが、背と腹部には大差がないことが知られている。このことから、**背と腹の風味の違い**は香気成分ではなく、呈味成分によるものと思われる。

## 3　かつお節の誕生とその食べ方

このように、保存性を高める目的でつくられたかつお節が、どのように誕生し、どのような食べ方がされてきたのかについて、その歴史を辿《たど》ってみることにしよう。

### (1)　かつお節の前身

奈良時代の法典である『養老律令《ようろうりつりょう》』(七一八年)の「租庸調《そようちょう》」の〝調〟のなかに、かつお節の前身と考えられる「堅魚《かたうお》」、「煮堅魚《にがつお》」、「堅魚煎汁《かつおいろり》」が重要貢納品にあげられており、平安時代の律令である『延喜式《えんぎしき》』(九二七年)には、堅魚製品を貢納した十か国があげられている。志摩・駿河・伊豆・相模・安房・紀伊・阿波・土佐・豊後・日向の国々であり、ことに駿河、伊豆からのものは、現存するそれらの各正税帳にも記されており、貴重な史料といえる。

**煮堅魚**は、『木簡概報《もっかんがいほう》』のなかに、「駿河の国から煮堅魚八斤五両が納められた」という記録があり、大和朝廷時代から食べられていたと思われる。煮堅魚とはカツオを煮て干したもので、当時、最も一般的な調理法で、副食として食べたり、削って調味料のように使われていたらしい。足利将軍家の包丁人大草氏の秘伝書である『大草殿《おおぐさでん》より相伝之《そうでんの》聞書《ききがき》』（一五三五～七三年）にも、生干しまたは煮て干したものが使われていたと思われる記述がある。

**堅魚煎汁**は堅魚を煮熟したときの液で、栄養分がたっぷり溶け出している。諸国からの重要な貢納品として、大和朝廷成立以前からかつお節が登場するまで広く使われており、『延喜式』での貢納品のなかではとくに珍重されていたという（写真5―4）。『倭名類聚抄《わみょうるいじゅしょう》』（九三五年）では、「塩梅《あんばい》」のなかに分類されており、調味料として使用されていたらしい。鎌倉時代の『厨事類記』にも、「堅魚煎汁」に関する記述はあるが、それ以降は文献上ではだんだんみられなくなった。

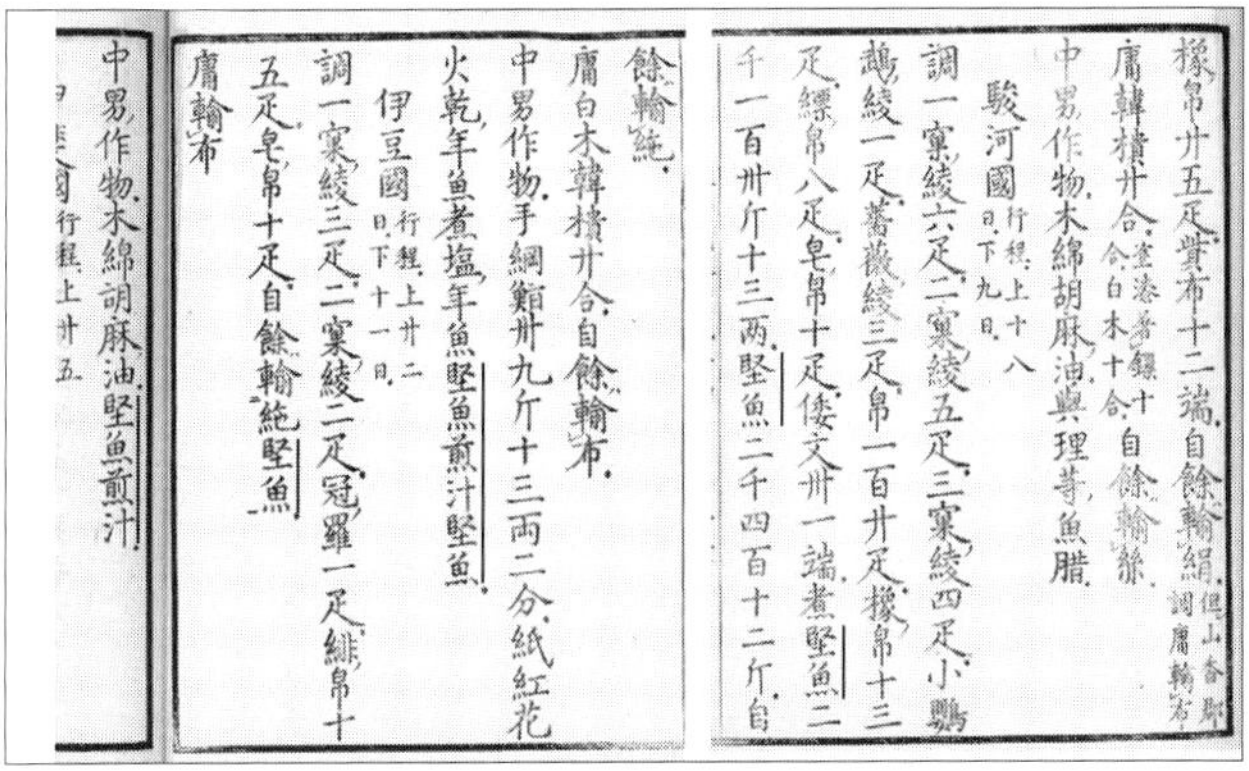
橡帛廿五疋、貲布十二端、自餘輸絹、
庸韓櫃廿合、塗漆者録十合、白木十合、自餘輸綵、
中男作物木綿、胡麻油、與理等魚腊、
駿河國 行程上十八日、下九日、
調一窠綾六疋、二窠綾五疋、三窠綾四疋、小鸚
鵡綾一疋、薔薇綾三疋、帛一百廿疋、橡帛十三
疋、縹帛八疋、皂帛十疋、倭文卅一端、煮堅魚二
千一百卅斤十三兩、堅魚二千四百十二斤、自
餘輸絁、
庸白木韓櫃廿合、自餘輸布、
中男作物手綱鮨卅九斤十三両二分、紙、紅花
火乾年魚、煮塩年魚、堅魚煎汁、堅魚、
伊豆國 行程上廿二日、下十一日、
調一窠綾三疋、二窠綾二疋、冠羅一疋、緋帛十
五疋、皂帛十疋、自餘輸絁、堅魚、
庸輸布
中男作物木綿、胡麻油、堅魚煎汁、
行程上廿五

写真5－4　『延喜式』

「煮堅魚」はカツオを煮て干したもの、「堅魚煎汁」はカツオを煮たときに出る汁であり、いわばかつお節製造工程の中間生成物といえる。したがって、今のようなかつお節づくりにははるかに及ばないが、**奈良時代からかつお節づくりの原点がすでにあった**とみることもできる。カツオは鮮度が低下しやすい魚なので、何らかの加工をしなければ献上すらできにくかったのであろう。

堅魚煎汁の現代版ともいえる「かつお煎汁（鰹せんじ）」は、きわめて濃厚な粘液状で、現在でも鹿児島県などで製造されている。一般家庭用として、味噌汁、鍋物、湯豆腐、ラーメンなどの風味づけとして利用されている。

## (2) 「かつお節」の出現

古くは、『厨事類記』にかつお節を使っていると思われる記述がある。くらげの料理に「鰹《かつお》」を酒に浸してその汁を使っているところから、この「鰹」は生カツオではなく日乾など何らかの加工が施されているもので、味のないくらげに、だしとして使われたのではないかと思われる。

時代が下り室町時代には、日本料理の基礎が確立したといわれており、公家社会の影響を受け、礼儀作法や形式が重んじられ、さまざまな流派ができた。その流派のひとつである四条流の料理書『四条流庖丁書』（一四八九年）には「カツホ」、「花鰹」の文字が登場し、花鰹が雑煮の上置きやあえ物に用いられており、現在の荒節に通じるかつお節の存在がかなりはっきり出てきている。

これまでのところ、「かつほぶし」の文字が現れる最古の史料は、『種子島家譜』（日記体一五一三年）で、領主種子島氏領内の臥蛇島《がじゃじま》からの貢納品のなかに「鰹ふし五れん　叩叺の小桶」とある。このかつお節については伝播説もいわれているようだが、実際のところはよくわからない。『大草殿より相伝之聞書』にも「白鳥の料理に鰹二節程、上側の悪いところは削りのけて…」とあり、二節という表現、悪いところを削りよけるなど、明らかに、品質的に堅くて、今に通じるかつお節の存在を裏づけるものであろう。

その後、一六七四年に紀州の漁師甚太郎なる人物が土佐で燻乾法を始め、一七〇〇年前後に土佐でカビづけ法が考案されたといわれているが、定かではない。『合類日用料理抄』（一六八九年）に「鰹ぶしいかにもあらくかき水にてさっとあらひ候…」とあり、水で洗うという記述から、カビが生えてしまったかつお節を洗って使っていたらしい様子が読み取れる。したがって、この時代にはまだカビづけしたかつお節はなかったのかもしれない。

一七八一〜一八〇一年に、本来は藩体制による擁護策で門外不出であるはずのカビづけ法が、土佐の与一という人物により安房・伊豆に伝わったといわれているが、それ以前にすでに伊豆ではカビづけ法が考案されていたという説もある。随筆『譚海《たんかい》』（一七九六年）には、かつお節のカビづけ方法の記述があり、カビづけの回数は二回であった。その後、工夫を重ね、カビづけ回数を増やしていった。㈱にんべんによる現存する当時の日記の調査から、江戸時代末期から明治にかけて、四回以上カビづけをしたいわゆる〝本枯節〟が伊豆田子で完成したという説が有力であるが、現時点では正確な史実はつかめていない。以上のように、**現在の荒節に相当するかつお節の出現は近世以前であり、その後江戸末期から明治にかけて、本枯節が完成した**と考えてよさそうである。

### (3) 江戸時代のかつお節の食べ方

江戸時代に入り、カツオは刺身で食べることがごく一般的であったようだが、かつお節も出まわり始めた。それでは、このかつお節はいったいどのように食べられていたのであろうか。

先に紹介した江戸の料理書の記述からみてみよう。

**① なまり節の調理例**　なまり節とはカツオを煮熟した（ゆでた）もの、もしくはゆでた後簡単に燻したもので、江戸中期の『古今料理集』や、後期の『料理早指南』などをみると、汁物、煮物、煎り物、焼き物など幅広く使われていたらしい。同じく『料理早指南』では、「雑の部」に魚飯として、鰹を「めしつねのごとくにたき、よくむれてのち魚をまぜる」などとあり、なまり節はご飯との相性もよく、腐敗しやすいカツオは実際には、なまり節にして使われることが多かったようである。

## ② 調味料としての〝いり酒〟

江戸時代、刺身は現在のつけ醤油のような形でいり酒につけて食べられていた。そのつくり方については、江戸初期の『料理物語』(一一九頁、写真5―15参照)だしの部で、紹介されており、この時期にはかなり普及していたようである。いり酒は、酒二に対してかつお節一の混合割合が多くみられる。その後、三対一と酒の割合が増え、醤油も加わり、さらに酒を煮立たせて濃縮してから他の素材と合わせるなど、いずれも保存性を高める工夫がされている。時代が下るに従い、かつお節の芯を浸漬させたり、好みに応じて氷砂糖を加えたり、みりんや塩を加えるなど、バラエティに富んだつくり方になる。このように、かつお節を使ったいり酒が、刺身・膾《なます》をはじめ、多様な料理に使われ、江戸時代の食の幅を広げていったのであろう。

東京は文京区大塚にある江戸料理屋〝なべ家〟の福田浩氏に、いり酒を再現してもらい、刺身のつけ醤油風に使ってみたが、かつお節と梅の風味がほんのり混ざり合い、奥が深くいい味わいであった。ただ、保存が利かないため、醤油の出現により姿を消していったものと思われる。

## ③ かつお節の調理例

煮物や吸い物には頻度多く使われている。たとえば『料理早指南』では、鮎や鰊《にしん》、串鮑の煮びたしに「かつをぶしを沢山入れて…」とあり、吸い物にも「花かつお」をたっぷりかけている。『素人包丁』では蛤《はまぐり》のしぐれ煮にたっぷり花かつおをかけている。魚介類たっぷりの煮物にさらにかつお節をたっぷり使うなど、かつお節の味・

風味への強い嗜好がうかがえる。

ほかに、飯に合うおかずとしての使い方として、たとえば、〝梅かか〟は、「鰹ぶしを荒く削って、酒、水、梅干、塩でていねいに煮詰める」（『合類日用料理抄』）とか、「かつほぶしをうすく削り、酒で煮詰て、醤油で味付する」（『料理網目調味抄』）などと紹介されており、これらは現在のおかずにも通じる調理法といえるであろう。

これらと前後して、飯に「花かつお」をかける例が多く紹介されるようになる。「花かつお」がお弁当や茶碗物、丼物などご飯に盛んにかけられるようになる。ほかにも、かずのこ、たらの酢醤油に、利休ぬたにと、花かつおが多用されており、かつお節が入手しやすくなったことを裏づけていると思われる。

## ④ かつお節の削り様

かつお節は、刺身や膾、煮物、吸い物の上置き（トッピング）として、また、そぼろ状にしておかずとして（梅かかなど）使われた。その削り方や削られた形によって、先述の「花かつを」や、ほかに「平がつを」、「よりがつを」などの呼び名がある。

「平がつを」という表現は、江戸時代前半でみられ、「よりがつを」は後半に多い。「花かつを」は初期から後期まで全体を通してみられた。このような呼び名の違いは、かつお節自身の堅さとも関係があるのではないかと考えてみたが、現在に通じる「花かつお」の呼び名が江戸の初期からあったことから、これでは説明しにくいことになる。川上行蔵が、この呼び名の違いは、かつお節の削り方が大きく影響していることを、「よりがつお」を例に説明している。「よりがつお」は、かつお節を紙よりのように削ることで、当時は茶椀のかけらを使って削っていたようである。削り方の詳細はここでは省くが、この方法であれば、なるほど、いい「よりがつお」ができ上がると思われる。大工道具のカンナからヒントを得たといわれる現代のようなかつお節削り器などがない時代のこと、当時の人々は試行錯誤をしながら削り方を工夫し、それぞれの料理に映える削り節の形を追求したのかもしれない。ここにも江戸の粋《いき》を垣間みる気がする。

## 4　現代の使われ方と食べ方

### (1)　戦後の著しい伸び

かつお節は、風味調味料などへの使用も含めると、現在の日本人の食生活のなかで最も多く使われているだし素材である（図5―10）。第二次世界大戦後、従来の一本釣り漁法から**巻網漁法**への転換、**遠洋漁業**の増加などによりカツオの総漁獲量が急上昇したこと、高度経済成長期のなかで、簡便性と経済性を訴求した「風味調味料」（だしの素）の原料であったこと、さらに「パック入り削り節」の発売も手伝って、か

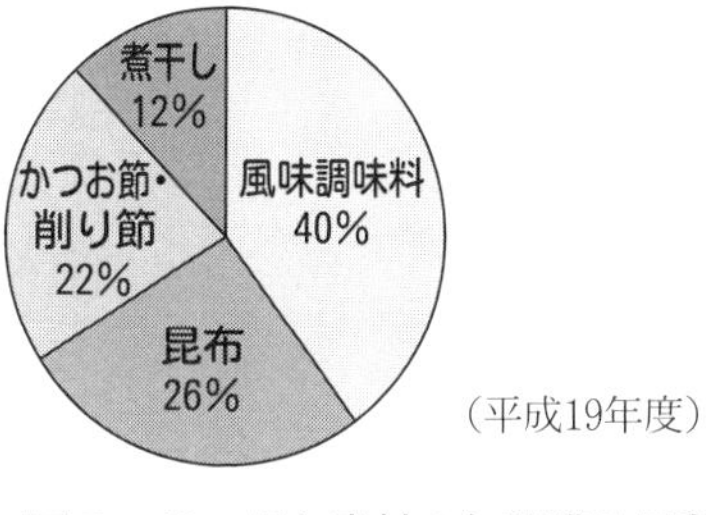


**図5－10　だし素材の年間購入量割合**
（総務省：家計調査年報 より作成）

つお節の生産量は飛躍的に伸長した（図5―11）。

一方、正月の雑煮のだしでは、天然素材が六〇％を占め、なかでも、かつお節が一七％、かつお節＋昆布が一八％を占めている。かつお節が、天然のだし素材として今なお日本人の食生活に根づいている様子がうかがえる。そのほかに、「パック入り削り節」の普及が、おひたしや冷奴のトッピングをはじめとして、料理への利用を広げてきたといえるであろう。

### (2) 関東で枯節、関西では荒節

一般的に「関東でカビづけをした枯節、関西ではカビづけしない荒節が多い」といわれてきた。

歴史を遡《さかのぼ》れば、土佐で造られたかつお節（荒節）が大坂を中心に広がり、それが江戸に運ばれる途中でさらにカビが生えてしまったの

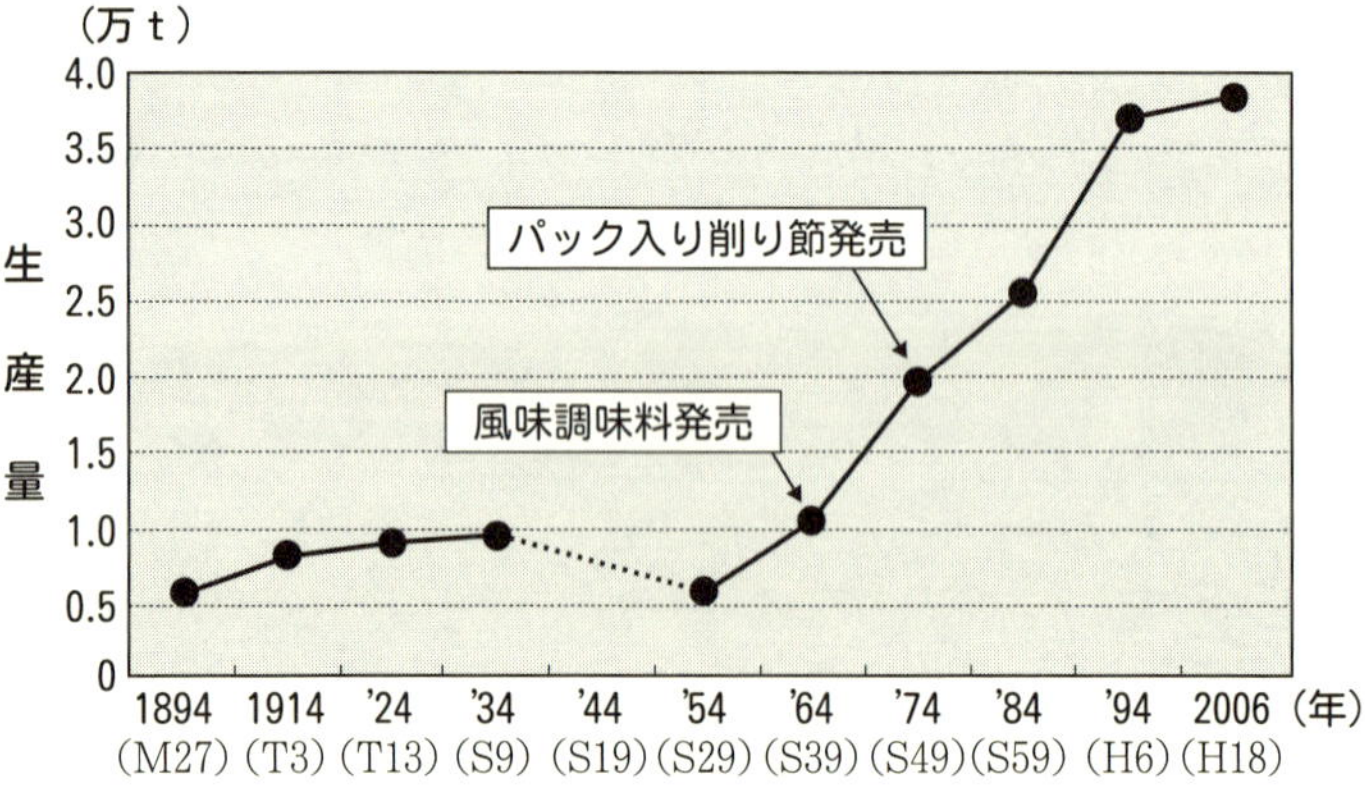


**図5－11　かつお節総生産量の推移**
（農林水産省：水産業類年統計2，水産物流通統計年報　インターネット版長期類年統計 より作成）

だが、このカビが生えたかつお節ほどうま味の強いいいだしになることを知り、やがて枯節として広がったことに由来するといわれている。

この二種類のかつお節の普及状況を、入札状況から調べた㈱富士冷の資料によれば、**荒節は関西で、枯節は関東と中京地区での購入割合が高い**という結果であった。実際に、二つのだしが消費者にどう評価されているのかを、官能評価で調べると、両者の違いは識別され、どちらかといえば、枯節でとっただしのほうが好まれるという結果であった。ただこれは関東（東京）での結果であるので、機会があれば関西でも試みてみたいものである。しかし残念ながら、すでに述べたように、日本で流通しているかつお節のうち、手間と時間を要する枯節（カビづけかつお節）の比率が一割ほどであるというのも事実である（七七頁、図5—3参照）。

### (3) 沖縄のかつお節

家計調査年報によれば、かつお節の一世帯あたりの購入量・金額とも、沖縄は日本のなかで群を抜いてトップを維持し続けている。当地は、カツオの北回遊域に位置し、かつお節づくりをはじめカツオ食の歴史は長く、現在では衰退してしまったが、戦前期には全国第四位のかつお節生産県でもあった（九八頁、写真5—5、5—6）。

以下に述べる内容や資料については、沖縄のカツオ漁業に詳しい上田不二夫氏に多くをご教授いただいた。

沖縄は明治以前までは琉球王国として栄え、その宮廷料理の発達は中国と日本それぞれの影響を色濃く受けている。中国との交流は、一三七二年から最後の進貢船が派遣された一八七四（明治七）年までの約五〇〇年間続き、その間、琉球王の任命式のために、皇帝の使者である冊封使《さっぽうし》と数百名の乗組員が琉球に長期滞在した。その接待のための中国料理を修得する目的で包丁人を中国に派遣した。一方、慶長の役で薩摩に敗れて以後、一六四四年から一八五〇年まで薩摩の支配を受け、江戸上りも義務づけられ、接待のために日本料理を学ばざるを得なかった。このように、中国料理と日本料理のそれぞれが宮廷に伝えられ、次第に一般社会に浸透していった歴史をもつ。

本土と異なる自然条件や、食文化の背景に中国、南方諸国の影響がみられる沖縄では、本土のような多様な魚食文化は育たなかった。しかし、長崎と同様、中国への海産物輸出が、大きな変化をもたらしたといえよう。

沖縄のカツオ漁業の始まり（伝承）については、一七二五年の『渡嘉敷間切由来記《とかしきまぎりゆらいき》』にその記述がある。カツオは生食のほかに、かつお節が荒節（正確にはタールなどを除去した裸節）の形態で、だしとしても削り節としても多く使われてきた。琉球王朝時代にみられたかつお節には、古代食ともいえる食べるための素干し的な**沖縄産**かつお節と、**鹿児島産**の二種類があったと考えられる。当時、カツオはタコとともに〝おからもの〟（干魚）の代表であったといわれている。また、『使琉球雑録』（一六八三年）のなかで、〝佳蘇魚〟として、「長さ半尺ばかりで、薄く削って…」と紹介されていることから、当時、乾物が削り物、すなわち削って食べる食品を意味していると考えるならば〝佳蘇魚〟はかつお節の呼称であったと考えられる。当時の中国人による『冊封使録』のなかに、かつお節についての記述もある。徐葆光による『中山傳信録』（一七二一年）には、〝佳蘇魚〟について、「温水で一度やわらかく戻した後、芭蕉の葉に包んで火の中に埋めて焼き、そのあとで再び洗浄し、蘭の花のように切断し盛りつける」とある。

さらに、薩摩藩が幕府に提出した『従琉球渡唐進貢船積荷之覚』（一六三九年）

121
福州將軍薩哈岱奏琉球國貢船到關遵例免稅摺
清單一
乾隆四十年五月二十日
謹將琉球進
貢船隻隨帶土產雜物按則科稅免過銀兩數目
繕具清單恭呈
御覽
計開
銅器九十五斤　稅銀四錢七分五厘
金漆圍屏二架　稅銀一兩
海帶菜一十八萬六千斤　稅銀一百四十八兩八錢
石鮔二百七十斤　稅銀二錢七分
淡鰕乾五十五斤　稅銀五分五厘
醃魚一千七百二十斤　稅銀五錢一分六厘
佳蘇魚一千五百九十斤　稅銀七兩二錢三分五厘

図５－12　乾隆40（1775）年の積荷
（清代中琉関係档案選編，1993）

や、中琉関連資料には、中国への進貢品や、使者・乗組員の積荷などとして、対中国貿易の輸出品であったことが記されている（図5—12）。このようにかつお節が、昆布などとともに中国に大量にわたっていることは多くの史料から明らかである。今の福建省あたりに上陸し、北京に運ばれたようであるが、その足どりはつかめていない。

　以前筆者が、福建省夏門に住んでいたという元上海水産大学の中国人老学者に、かつお節についてヒアリン

**写真5－6　工場でのなまり節直売**
（沖縄県池間島）

**写真5－5　かつお節の販売風景**
（那覇市内公設市場）

**① チャンプルーの材料**
（なまり節，しまらっきょう，木綿豆腐）

**② チャンプルーの調理**
（なまり節をたっぷり加えて炒める）

**写真5－7　なまり節のチャンプルー（池間島）**

グしたことがあるが、彼は一九五〇年ごろに来日したときにはじめてかつお節というものの存在を知ったということで、中国では聞いたことも見たこともないということであった。琉球から大量に渡ったはずの日本製かつお節が、いったいどこで、どのように使われたのかはよくわからない。

現在、カツオが水揚げされる沖縄県池間島では、生食のほか煮熟した後軽く焙乾した**なまり節**が頻度多く食べられている。祭事には、那覇などに出ている島民のほとんどが帰島し、帰りには新鮮ななまり節を島のお土産として持ち帰る。

沖縄で使用されるかつお節はほとんどが裸節（荒節のタール分を除去したもの）で、代表的な沖縄料理〝チャンプルー〟をはじめ多くの料理にかつお節をたっぷり加える（写真5―6、7）。

## 5 海外のかつお節

前項までは、日本のかつお節に関する歴史と現状を紹介してきたが、話題を海外に移し、日本との違いなどについて比較することにする。

日本からはるかに遠いインド洋に浮かぶモルディブは、かつお節づくりの起源をもつといわれている。当地ではどのようにかつお節がつくられ、どのように食べられているのだろう。また、古くからモルディブとの交易によってかつお節を調味料として使ってきた**スリランカ**

についても、歴史も踏まえながら、利用の実態を追ってみることにしよう。

## 5—1　モルディブのかつお節

### (1)　モルディブの概要

「モルディブ」はスリランカの南西約六七五キロメートルのインド洋上、珊瑚礁《さんごしょう》に浮かぶ群島国家である。国勢調査がないので正確ではないが人口は三〇万人強である。点在する島の数は一、二〇〇に及ぶが、人の住む島は二〇〇足らずである。島の大きさは最大で二平方キロメートル、海抜一～二メートルの低平な島々で、淡水は少なく、農耕には適さない。年間を通して平均気温二六～三三度という高温多湿の熱帯性気候地域である。乾季（一二月から三月）と雨季（五月から一〇月）があるが、水温は年間を通して二四～二八度で水中動物にとっては絶好の環境条件を有する。歴史的にみると、海上交通の要所であった。現在はイスラム教を信仰する。現地で**自給可能な植物性資源はココナッツヤシの実であり、動物性食料はほとんど魚類に依存**している。なかでも「カツオ」が圧倒的に多い。

### (2)　モルディブと「カツオ」のかかわり

アラビアの旅行家イブン・バトゥータの『三大陸周遊記』によれば、当地では彼が来島した一三四三年には、すでにかつお節がつくられていたとされる。したがって、日本のかつお節については、モルディブ起源説という、壮大な海のロマンとして語られたりもするが、筆者自身が実際に現地に入り、取り巻く環境を体験すると、かつお節製造はモルディブと日本では全く異なる理由で生まれたと思えてくる。これに関しては、同じくモルディブを訪れた経験のある若林良和氏も同意見であった。

すなわち、**モルディブはカツオの生息域に位置し、一年中新鮮な生魚が入手できる**。彼らが食べているカツオは、現在も昔ながらの一本釣り漁法である。生魚に少し手を加えれば、バラエティは限られるが十分に食べていける。しかしこの国で、カツオとココナッツなど数少ない自給品以外のものを手に入れる手段として、保存が利く形にした**カツオの乾燥品**を交易材料としてきた。

**モルディブ産かつお節**のほとんどがスリランカに輸出されてきた歴史的事実について、現地の漁師は、かつお節を積んだ帆船が、雨季と乾季に入れ替わる海流を利用してスリランカとの交易を続けてきたと話してくれた。この交易こそが、この島国で生き残る手段であったと考えられる。モルディブの人々は、毎日大量に水揚げされる生カツオか、これを**煮て軽く燻《いぶ》したなまり節**などを調理して食べ、**保存性をもたせたかつお節**は交易品として、スリランカへの輸出を続けてきたのであろう。

現在、カツオ漁をしながらかつお節をつくっている島は赤道直下の数島に限られている。モルディブでは、一九七八年に缶詰事業が始まり、**ツナ缶**として主にイギリス、ドイツに輸出されている。一九九八年には、日本の技術が導入され、近代化された工場で日本向けのかつお節が大量につくられている。昔ながらのかつお節づくりは、小規模な工場や一般家庭のごく一部で続けられているにすぎないが、水揚げされた生魚やかつお節をはじめとした加工品はほとんどが首都マーレの市場（写真5―8）に集まる。そしてこれらが、モルディブの人々の食を担っている。

### (3) モルディブでの伝統的なかつお節づくり

赤道直下のTHINADHOO島に渡り、実際に民家の台所に入ってかつお節づくりを見せてもらう機会を得た。この家の主婦は、ムスリム（イスラム教徒）ということで猛暑の昼下がりにもかかわらず、頭からすっぽり「ヘジャブ」といわれるスカーフをかぶり、長袖のワンピースで肌を見せないいでたちである。

まず、この家の主人が、近くの浜に揚がった新鮮なカツオを持ち帰り、さっそく、庭の流しで三枚におろす作業に入った。台所では、ココナッツヤシで火をおこしスタンバイ。主人

**写真5－8　マーレの市場風景**
（魚種のほとんどがカツオ）

がおろした生のカツオを塩水で煮た後、一〜二時間ほど燻す（写真5—9）。日本は真水で煮熟するがモルディブでは真水が手に入らなかったため、海水を利用してきた。海水は塩濃度が高く、魚がかたくなることと、煮熟の塩濃度が「リハークル」（生カツオの煮熟液を煮つめたもので日本の煎汁（鰹せんじ）にあたる）の味にも影響するので、今は真水に塩を調節しながら入れ、煮熟する。燻し時間は日本に比べて少ない。その後、数日間天日干しを行い、十分に乾燥させたものを**ヒキマス**（写真5—10）という。モルディブの空気は澄んでいて日差しは強烈なので、乾燥状態はよい。ある家庭では、日乾した後麻袋につめるとカビが生えてくるので、この後軽く燻すという。この「ヒキマス」が**日本のかつお節（荒節）に相当するもの**であり、そのほとんどはスリランカに輸出される。煮熟しただけで生《なま》に近いものを「**カッカーマス**」と呼び、乾燥が「ヒキマス」ほど十分でなく、まだやわらかい状態のものを「ワローマス」という。これらは、いわゆる**日**

写真5－10　ヒキマス
（日本の荒節にあたる）

写真5－9　モルディブの
かつお節づくり

**本のなまり節に相当**する。現地では毎日新鮮なカツオが大量に水揚げされるので、「カッカーマス」や「ワローマス」が主に流通しており、これを調理して日常的に食べることが多い。

### (4) モルディブにおける食べ方

モルディブの人々は、宗教上生食はしない。生カツオを調理した**ガルディア**（写真5－11）や**マスリハ**（カツオ入りカレー）、「カッカーマス」や「ワローマス」をそのまま、または調理して食べる「マスフニ」のようなメニューが多い。

ぶつ切りした生カツオを塩水で煮て汁とともに食べる「ガルディア」は、最も簡単で、メニューとしてはどんな場面にも登場する。筆者も初めて口にしたときは、生臭さが鼻についたが、食べるほどに飽きることがなく、なぜか懐かしささえ覚えるメニューであった。**日本の味噌汁**

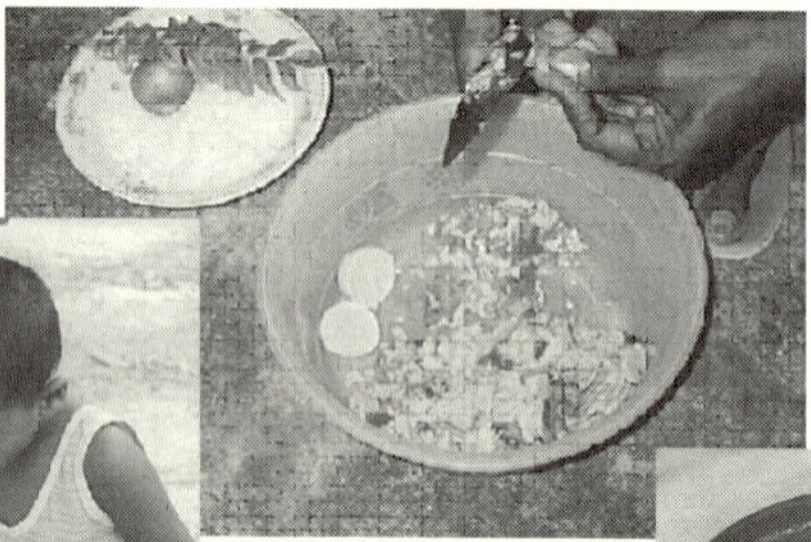

写真5－12　マスフニの調理（朝食用）

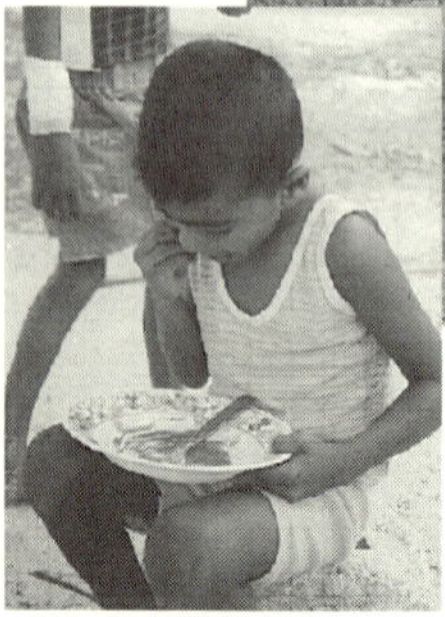

写真5－13　リハークルのおやつ

写真5－11　ガルディア

に相当すると思われた。ちなみに、「ガルディア」は、欧米人には全く受けないメニューとのことであった。

## 「マスフニ」と「ロシ」のつくり方

●マスフニ

① カッカーマスやワローマスを大きめに砕く。

② ①にベビーオニオンのみじん切り、とうがらし、レモン、Hinkandhsfayの葉（モルディブではよく見かける）を加え、よくこねる。

③ 砕いたココナッツを加えてよくこねる（写真5—12）。

●ロシ

① 砕いたココナッツに小麦粉と水を加え、よくこねて形を整え、鉄板で焼く。

このようにしてできた「マスフニ」を「ロシ」に巻いて食べるのがごく一般的なモルディブの朝食風景である。「マスフニ」は、「ロシ」を細かくちぎり混ぜ込んで食べたり、ご飯といっしょに食べることも多いという。町の食堂でも普通に食べられるが、やはり家庭でつくるのは素朴で家庭ならではの味わいがあった。

「マスフニ」や、ワローマスをさまざまな形にアレンジして油で揚げたスナック類も、多く出まわっている。軽食を食べさせるレストランでの定番メニューであり、家庭でもつくることは多いという。かつお節製造の段階で出るかつおの煮汁を煮つめた「リハークル」は、ご飯にかけたり、調味料として、おやつにと、その用途は広く、とくに離乳時期には多く食べさせるそうである。島の子どもたちが、もいできた木の実をこの「リハークル」につけてはおいしそうに食べていた（写真5―13）。モルディブの「リハークル」は、カツオの骨に付着している肉や内臓もいっしょに入れるので、「こく」があり、苦味はまったくない。小売りもされている。

鮮魚市場とは別に青果市場のなかに立派な建屋《たてや》があり、ここで魚の加工品を売っていた。一番多いのがワローマスで、ヒキマス、塩ガッツオの順であった。塩ガッツオは、生のカツオを開き、塩に漬け込むか海水に通し日乾したもので、ベトナムやバンコクに輸出されて中華料理に使われることが多く、スリランカにも輸出されているという。

日本の資本や技術導入による**近代的かつお節製造法への変換**、**生活の近代化**へのうねりのなかで、伝統的なモルディブのかつお節づくりや食生活がどのような道を歩むのか興味深いところである。

## 5―2　スリランカのかつお節

### (1)　スリランカの概要

「スリランカ」はインド亜大陸南東端海上に位置する島国で、面積約六六、〇〇〇平方キロメートル、人口は二、〇〇〇万人弱で、島の南西地方に集中している。カツオ漁を営む人々もこの地域に居住する。乾季と雨季に分かれ、気温は年間を通して二七度前後で過ごしやすい。年間平均降水量は約一、九〇〇ミリメートルと多い。民族構成も複雑に入り組むが、仏教徒が七〇％を占める。

海と山、雨の恵みにより食材が豊かである。シナモン、カルダモンの原産地であり、香辛料が多用されている。主食の中心は米である。また、古くから、**モルディブから**

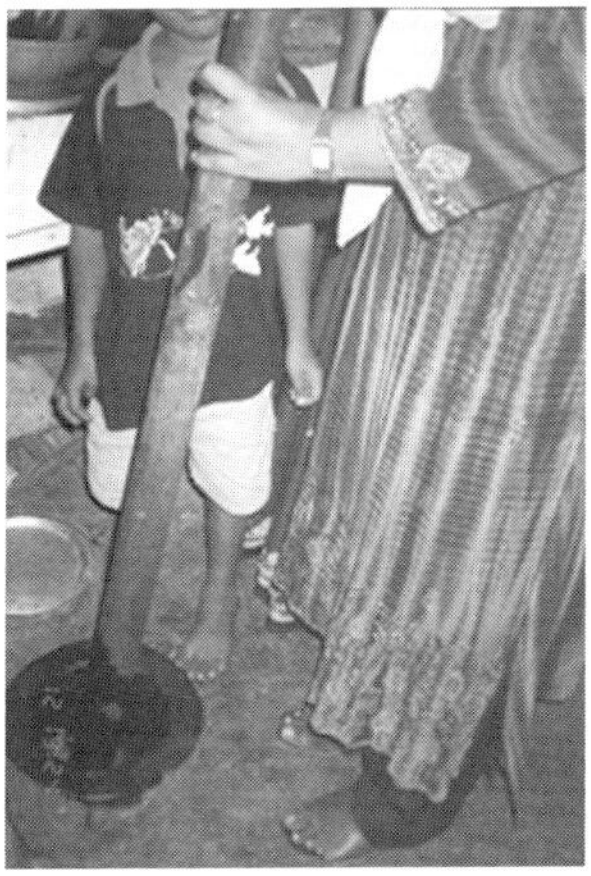

① 石臼で砕く

② よくほぐす

③ ウバレカルをほぐしたもの

写真5－14　スリランカ　かつお節（ウバレカル）を使った料理風景

**のかつお節の輸入国**である。スリランカでもかつお節をつくってはいるがごく少量であり、多くはモルディブのものを使っている。カツオの水揚げもあるので、鮮魚市場にはカツオがあふれているし、生カツオは安価なので食材として高頻度で使われる。

## (2) スリランカにおける食べ方

スリランカの一般家庭の台所で、実際にかつお節（スリランカではウバレカルと呼ぶ）を使ったいくつかの料理をつくってもらう機会を得た。

かつお節をまず「石臼《いしうす》」で砕く（写真5—14）。石臼は料理の下処理に必須で、どの家庭の台所にもある。今はブレンダーもあるので併用し、石臼だけで荒く砕いたもの、さらにブレンダーで少し細かく砕いたもの、それをさらに細かくしたものを用意する。家庭では、この状態でいつも常備しており、代表的かつお節料理であるサンボールや、カレーに入れる。

## 「サンボール」のつくり方

① ベビーオニオンのみじん切りをたっぷりの油でよく炒め、濾した後、チリと塩で味つけをする。
② 残った油を使って、荒く砕いたかつお節を炒め、同様に濾す。さらに細かく砕いたかつお節も同様にする。
③ 一番細かく砕いたかつお節はそのままの形で混ぜ込む（残りの油分を吸わせ料理自体の油っぽさを除くため）。
④ ③にライムをかけ、砕いておいたココナッツを加えてよく混ぜて、でき上がり。

かつお節を下処理として油で炒めるのは、風味と舌ざわりをよくするための工夫と考えられる。モルディブの「マスフニ」と比べ、レシピも食べ方も酷似しているが、「マスフニ」はなまり節を使い、「サンボール」はかつお節を使うという違いのほか、「サンボール」は、ほかに加える食材の多様さ、香辛料の絶妙なバランスが、味をかなり複雑なものにしている。スリランカの料理は、モルディブの料理に比べて複雑味があり洗練されている。これは、すべての料理に共通しているように思えたが、反面、香辛料を多用するので辛さが際立ち、注意深く味わわないとカツオやかつお節の存在がわかりにくい。

次に、かつお節入りカレーのつくり方を紹介する。

カレーとは、当地では〝調理されたもの〟の総称であるが、ほとんどの料理に香辛料が入るので、日本人の感覚でみると、すべてがカレーということになる。とくに、野菜のカレーに砕いたかつお節がよく使用される。

### 「ポテトカレー」のつくり方

① ベビーオニオンとトマトをきざみ、よく炒める。
② ①に、チリ、かつお節、ランバ（香りづけのためにスリランカで多用する葉で、ご飯を炊くときにも入れる）、カレーリーフ、自家製ブレンドスパイスを加え、味を調えてさらに炒める。
③ 最後に、丸ごとゆでたじゃがいもの皮をむいて加え、ココナッツミルクを入れる。

あっさりしているが、こくがある。バラエティとして「グリンピースカレー」もある。

### 「グリンピースカレー」のつくり方

① グリンピースを水につけてやわらかくする。
② ポテトカレーと同様に他の食材、かつお節、香辛料を入れて炒める。
③ 最後にココナッツミルクを加える。

野菜だけのカレーでは、香辛料といっしょにかつお節が、うま味やこくをつけるための調味料として使用されているようである。

このように、スリランカでは、モルディブとの交易によって早くからかつお節を入手し、多彩な食材や香辛料と共に多用してきた。香りの強い香辛料のなかでは、かつお節はその風味ではなく、うま味やこくの付与としての役割を期待されたものと思われる。スーパーマーケットの棚にも、袋入りの「味の素」と「かつお削り節」が並んで置かれていたのも、このことを物語っているように思われた。

## 3　かつお節だし

今までみてきたように、かつお節は日本とモルディブで、五〇〇～六〇〇年間食べられてきた。しかし、これをだしにまで利用の幅を広げて料理のベースとしてきたのは世界のなかでも日本だけである。

どのような経過を経て今日に至ったのであろうか。歴史資料を繙き、かつお節だしの成分やだしのとり方などについて考察し、さらに、現在非常に関心の高いだしの健康機能については、著者自身の実験結果も付加した。

## 1　だしの使用実態

かつお節の項でも述べたが、現在の日本におけるだし素材の家庭での購入実態をみると(九三頁図5―10参照)、「かつお節・削り節」が全体の約二三%を、「風味調味料」が四〇%を占める。このなかには、だし素材としての使用のほか、削り節を料理素材として使う場合、たとえば、お浸しや冷奴の上置きとして使う場合もある。削り節のなかにはカツオ以外の節も多少含まれる場合もあるし、風味調味料ではかつお節以外の風味原料が含まれる場合もある。これらを考慮しても、**だし素材全体の約三分の二が〝かつお味〟**といって過言ではない。このことは、日本人がいかにかつお味に親しんできたかということの裏づけといえよう。

## 2　だしの呈味成分

かつお節でとっただしには、いくつかの飛びぬけて多い成分が存在する。たとえば、塩基性の成分であるヒスチジン、アンセリン、クレアチン、クレアチンが加熱により変化したクレアチニンのほか、ナトリウムイオンやカリウムイオン、酸性の成分である乳酸、イノシン酸、リン酸イオンや塩化物イオンなどである。うま味の主体はイノシン酸で、アミノ酸が存在することで強められ、**おそらくイノシン酸とグルタミン酸の相乗効果**が中心的な役割を果たしていると思われる。

福家眞也氏によれば、**グルタミン酸**はうま味のほか、味の持続性、こく、まろやかさなどに、**ナトリウムイオン**は塩味やこく、**塩化物イオン**はうま味、持続性、こくなどにそれぞれ関与、著量含まれる**乳酸**は酸味に、**ヒスチジン**は酸味とうま味に関与していることなどが確認されている。

また、ペプチドである**アンセリン**、**カルノシン**には疲労回復効果があるといわれている。

本枯節五%を九二度二分間熱水抽出し、静置後濾過して得ただしの呈味成分を図5—13に示した。

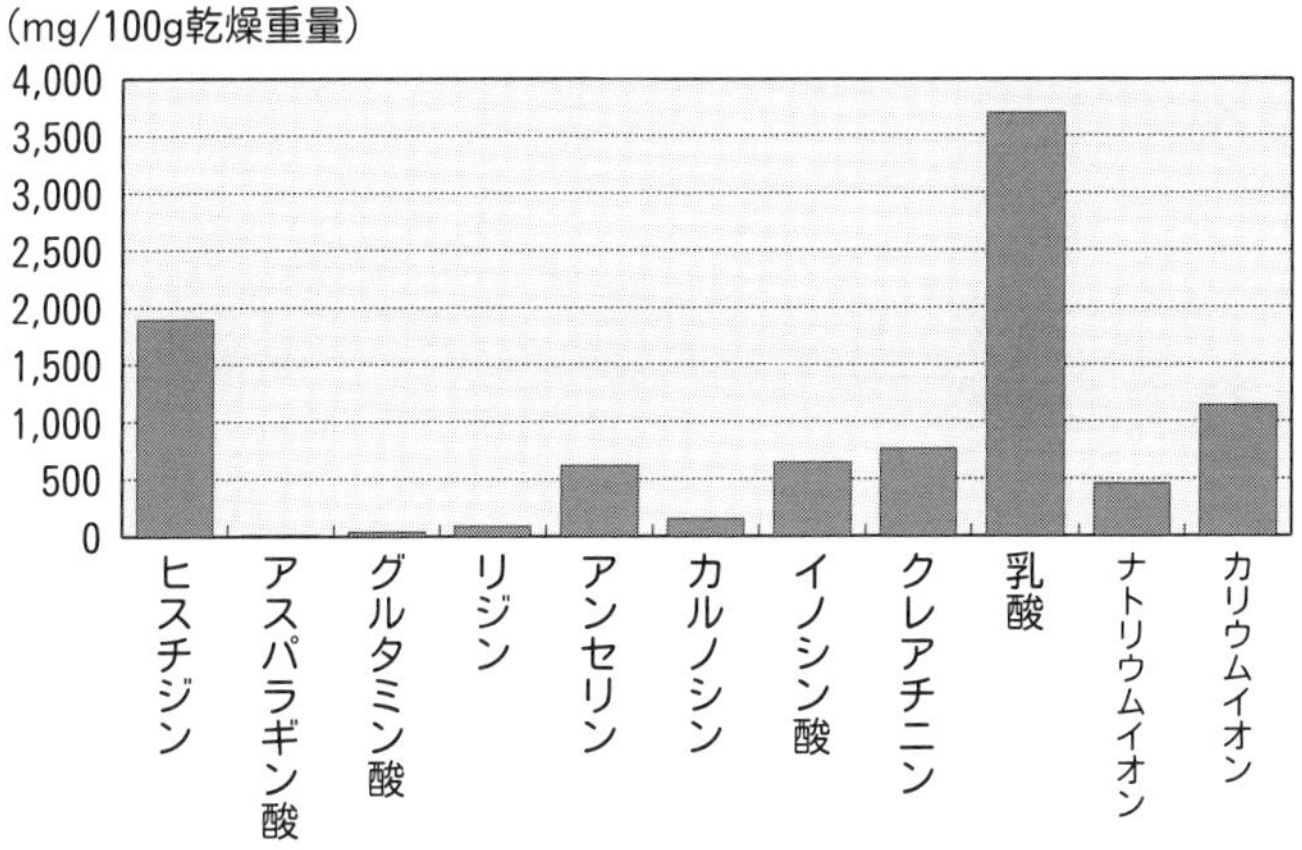


図5－13　かつお節だしの呈味成分（本枯節）

## 3 だしのとり方

### (1) 煮だし（加熱してとるだし）

多くの研究の結果、大石圭一らにより、「沸騰水中に三％前後の薄く削ったかつお節を入れ、一分程度加熱して濾過する方法」がよいとされており、現在のほとんどの料理書にはこの方法が書かれている。

これに対してそばつゆ用のだしでは、かえし（醤油と砂糖を合わせたもの）と合わせるため、通常の方法とは異なり、節を厚く大きく削り、加熱時間も二〇～一二〇分間と長い。このように長時間加熱して煮詰め、かえしの味の強さに負けないような濃厚なだしをとるのである。

### (2) 濁らないだしをとる方法

**だしの濁り**は、削った節が水中で強く撹拌《かくはん》され、脂肪がだしに抽出されることが原因のひとつである。普通のとり方では、かつお節が沸騰している水中で対流によって動いてしまうので、**かつお節をパックの中に封じ込めて動かないようにすれば**、だしは濁りにくい。

ほかに、ブイヨンや湯《たん》をとるときにも共通しているが、決して沸騰させないように、**水の表面が微笑むように**（九〇度くらい）**加熱**を続ければ、脂肪球が液中にエマルションのように散らばることがないので、濁りにくいということである。

## (3) 日本の水との相性

「昆布とかつお節のだしは、日本の水のように硬度の低い水、つまり**軟水**だとおいしくとれる」とプロの料理人はいうが、普通の人で、その区別ができるかどうか確認してみることにした。対象としたサンプルは、ブイヨンの項と同様である。

その結果、かつお節だしでは、硬度の違いによって溶け出す遊離アミノ酸は異なっていたが、総合的には好ましさに差はなく、どちらかといえば、**軟水から中硬水**（日本の水はこの範囲にある）が好まれた。硬水では、水自体にえぐ味があるため、あまり好まれない。

**ほとんどが軟水域にある日本の水は、水自体にくせがなく、そこに溶け出す素材の呈味成分を穏やかに引き出してくれる。**これに対して、硬度の高い水では、カルシウムなどミネラル含量が多く、呈味成分が多く溶出していても、水自身のえぐ味が前面に出てしまい、おいしいという評価につながらないの

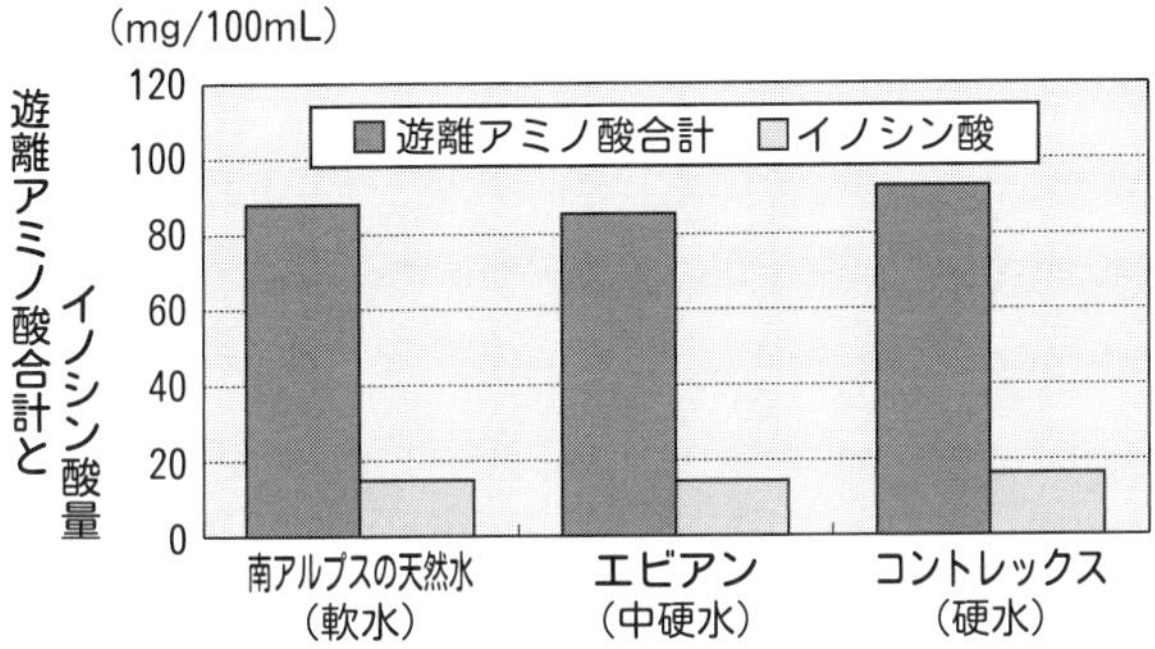


**図5－14　硬度の異なる水で調製したかつお節だし中の遊離アミノ酸とイノシン酸の溶出量**

（坂本真里子ほか：調理科学，40，427，2007 より作成）

であろう（図5—14）。

このように、だしの好ましさとは、溶出成分と、水そのものの味の兼ね合いで決まるといえそうである。プロの料理人は鋭敏な感覚でこれらを識別していると思われるが、一般人ではなかなかむずかしそうである。

### (4) 沖縄でのだしのとり方

かつお節の項で紹介してきたように、**沖縄**は日本のなかでも特異な立地条件をもって今日に至っているので、沖縄のだし文化についても触れておきたい。

沖縄は珊瑚礁《さんごしょう》上の島ということではモルディブと類似しており、**水の硬度が日本の平均値と比べても高い**（那覇で二〇〇）。だしのとり方は、**カビづけをしない荒節の厚削りを、長時間煮出す方法が主流**である。

歴史的には中国と日本両国の影響を受けており、かつお節と豚の混合だしが使用されてきた。料理書の記述からも「かつお節だし」単独のほか、豚肉を使った汁物、イカ墨汁、そばだし汁、煮物などでは、「豚」そのものまたは「豚だし」との併用という形で、多用されてきたことがわかる。沖縄の代表的煮物料理**ラフテー**にもかつお節だしがたっぷり入る。長時間煮て、おそらく削り節自体も食べていたようである。**香りを重視する料理ではなく、うま味を重視する、どちらかといえば中国料理のだしのとり方に近い**。ただ最近は、テレビの料理番組や料理本の影響で、本土と同様のだしのとり方が普及しているようである。

たいへん興味深いのは、**かつお節をこれだけ多く食べている沖縄が、風味調味料の消費量でも全国ベスト一〇位以内である**ということである。風味調味料もかつお節味が主流であることを考えると、沖縄の人々のかつお味への強い執着がうかがわれる。

## (5) 水だし

「煮だし」のように、加熱してだしをとる方法とは別に、**水だし**という、水中に浸しておくだけでだしをとる方法がある。**雑味のない上品なだし**として紹介されている。実際に、削った節四%を使用して二〇度で二四時間水抽出した水だしは、渋味や生臭みが少なく、好ましいと評価されている。かつお節削り節（枯節（カビづけかつお節）を削ったもの）は水抽出過程で、アデニル酸が減少し、イノシン酸が増加するとされている。これは、だしに醤油を合わせて四八時間エイジング（熟成）した場合にもみられる。このような現象は煮だしにはみられず、枯節を使用した水だしのみにみられる。これは、枯節のカビづけ部分に存在するAMPデアミナーゼ（エイジング中にアデニル酸をイノシン酸に変換する酵素）の働きにより、アデニル酸がイノシン酸に変化したと考えられる。さらに、カビづけのカビに存在する酵素プロテアーゼにより、遊離アミノ酸やペプチドが増加して、エイジング中にうま味が増すと考えられる。

## 4　だしの歴史

### (1)　近世以前

「にだし」が室町時代に出現、現時点ではこれが**だしの起源**とされ、なんと〝**だし袋**〟ま**で使われていた！**のである。

「かつお節」の項でも同じ史料に触れているが、ここではだしの観点で改めて紹介する。鎌倉後期の『厨事類記』に、「鰹」を酒に浸してだし素材的に利用する記述がある。クラゲ一品の料理に、酒、塩、堅魚、酢などを使っている。鰹を酒に浸し、その汁を使っていることから、広義の「だし」と捉《とら》えることもできるだろう。

時代を下って、室町末期の『大草殿より相伝之聞書』には、「くぐいの料理」(白鳥の料理)の項目に「にだし」という語が出てくる。「かつお節二節の悪いところを削って、布袋に入れ、白水でにだす…」とある。**白水**は米のとぎ汁のことで、「汁はすめ味噌一ぱいに三番とぎの白水を二はい合せ、削った鰹節を布袋に入れて煮出す」とあり、現時点では、この『大草殿より相伝之聞書』をだし記述の起源とする解釈が有力である。

### (2)　近　世(江戸時代)

実用料理書の祖とされる『料理物語』(一六四三年)に、かつお節だしのとり方が紹介され

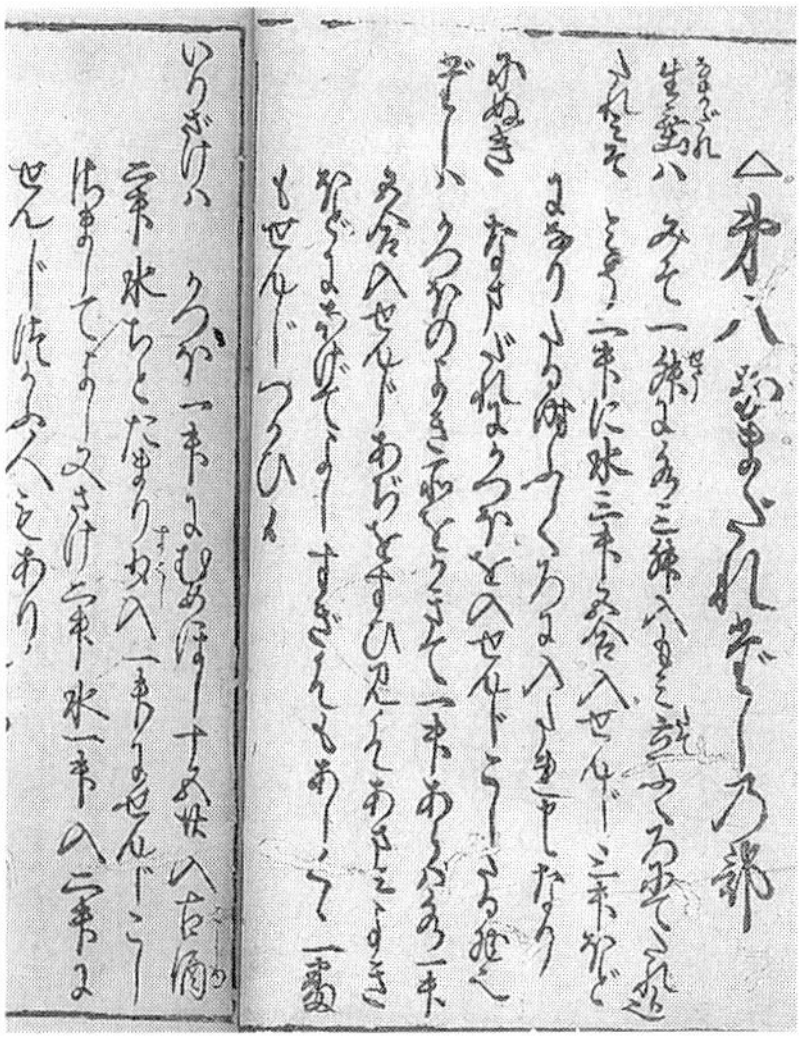

写真5－15　『料理物語』だし・いり酒

△第八　なまだれだしの部

生垂は・・・・・・・・・・

たれみそ・・・・・・・・・・

にぬき・・・・・・・・・・・

だしは　かつほのよき所をかきて一升あらば水一升五合入せんじあぢをすひ見候てあまみよきほどにあけてよし過候てもあしく候二番もせんじつかひ候

いりさけは　かつほ一升にむめほし十五廿入古酒二升水ちとたまり少入一升にせんじこしさましてよし又さけ二升水一升入二升にせんじつかふ人もあり

［現代語訳］

だしは　かつおのよい所を掻いて、掻いたもの一升につき水一升五合を入れて煎じ、味をみて甘味がほどよくなったらあけてよい。甘すぎてもよくない。二番だしも煎じて使う。

いり酒は　かつお一升に梅干十五～二十個ほど入れ、古酒二升に水をほんの少しと、たまり少々を入れて、一升ほどに煎じてこしてさませばよい。

また、酒二升、水一升を入れ、二升ほどに煎じて使う人もいる。

（写真5―15）、「だし」という用語が多用されるようになった。「だしはかつほのよきところをかきて　一升あらば水一升五合入れてせんじ、味をすひ見候てあまみよきほどにあげてよし。過ぎ候てもあしく候」と、だしのとり方に関する明確な記述がされている。文中の〝あまみ〟は〝うま味〟と同義である。

また、『料理塩梅集』天の巻（一六六八年）には、だし袋は大きいほう（一五センチ×二四センチ）がよく、だしのうま味の加減で袋を出し入れできる利点があるなど、詳細に紹介されている。

そのほか、水だしについては、「小半時（約一時間）水に入置　其水を則用ふ」（『料理塩梅集』）や、「冬は一日一夜　夏は一夜　一節に水八合入置ば　せんじ申さず共　よきだしに成也」（『黒白精味集』（一七四六年））などと紹介されている。

### (3)　だしのとり方の変遷

江戸時代から現代までのだしのとり方を、概観してみよう。

かつお節の水に対する使用割合は、江戸時代初期の料理書では約三〇％で、うま味がほどよく出る程度に加熱し、加熱しすぎないように注意している。江戸中期以降の料理書ではかつお節を約一五％使用し、水量が約六〇～八〇％になるまで煮つめている。

明治時代には、『料理辞典』（一九〇七年）で、水一升に五〇匁（一二％）のかつお節を沸騰直前に入れ、二、三回沸騰させて火を止め、一～二分静置後、濾している。

大正時代の『基本と応用割烹《かっぽう》教科書』（一九二五年）では、水一升に五～二〇匁（一～五％）として、火を止めて五分後、濾している。

昭和に入り、『食物辞典』（一九二九年）では、水五合に二〇～三〇匁（九～一三％）を沸騰水中に入れ、二、三度煮立たせ、火を止めて濾すとある。

その後、吉松藤子や大石圭一らの研究から、**削った節を三～四％使用して沸騰水中に入れ、一分間加熱して火を止め、三分ほど静置して濾すというのが一番よい煮だしのとり方**であるとしており、これが現在の定法となっている。

### ⑷　昆布との併用の歴史

現在、日本料理のだしといえば、「かつお節」と「昆布」の混合だし（合わせだし）が一般的である。それでは、いつごろからこのようなだしのとり方が行われるようになったのであろうか。
**江戸時代の料理書**のだしの多くはかつお節だしで、混合だしはきわめて少ないが、前述の『料理塩梅集』（天）吸物部に「水一升に鰹節一つ　昆布二枚程入せんじて　これに醤油と塩で塩梅（味つけ）する」とある。
**明治時代の料理書**では、『年中惣菜の仕方《しかた》』（一八九四年）に、通常の清汁には「かつお節だし」を用い、上等にするときは「かつお節だし」と「昆布だし」を等量合わせて使うとある。ほかに、『実用家庭料理法』（一九〇五年）では、水一升にかつお節二〇匁（五％）と昆布（四五センチ×六センチ）を沸騰水中に入れ、直ちに火からおろし、二分間静置し濾すとある。昭和に入り、一晩昆布を浸水させた後、沸騰直前に水の五％の削りかつお節を使うと一番香味がよい清汁ができるとしている（『日本料理のおいしい拵え方』（一九二八年））。

このような過程を経て、現在の**中学校の家庭科の教科書**には、「だしのとり方」として**水の二％のかつお節、二％の昆布を用いた混合だし**が記載されており、「だし」といえば「混合だし」が一般的になっている。

## 5　だしの効用

### (1)　薬餌効果の歴史

日常的な食物に**薬餌効果**があるとする考え方が、中国から伝えられ、江戸時代に広まった。中国の『本草綱目』（一五九六年）を手本として、『本朝食鑑』（一六九七年）をはじめ、『大和本草』（一七〇八年）、『食物本草』（一六六九年）などが刊行された。

これらには、生カツオについてはいずれも、「甘温。少毒あり腸胃を調え食を進め精力を益す多食べからず」とあり、食べ過ぎを戒めているのに対して、かつお節については、「甘微温。毒なし気血を補ひ筋力を壮んにし、諸病に害なく大に人に益あり」とあり、体にいいことづくめで絶賛されている様子がうかがえる。前述のカツオのたたきについても、「甘温。少毒あり多く食へば痰咳を生ず」とあり、生のカツオ同様食べ過ぎを戒める内容であった。江戸時代にいかにカツオが流通していたかをうかがい知ることができる。

これらの本草書は、武士などの上流階層の知識の集大成にすぎなかったが、かつお節については、庶民レベルでもその効能が普及していたようである。「贅沢を謹んでかつお節を食べていれば病気にもならない」という表現や、出産祝いの品には消化がよく体力が回復するように〝てりかか〟や〝梅かか〟が使われていたという記述もある。

現在もその効能を顕著に示している例として、沖縄県の「カチューユ」や鹿児島県の「茶《ちゃ》節《ぶし》」がある（六四頁、表5―1参照）。疲れたときや二日酔いに飲むと効果があるといわれているカチューユ飲用の習慣は、現在も住民の六〇％ほどには伝承されているという調査結果が得られている（那覇市内の例）。

### (2) 〝健康機能〟に関する最近の研究

かつお節だしについて、ここ数年多くのヒト臨床試験や動物実験が行われ、本草書などで語られてきた薬餌効果を裏づけるように、**多くの生理機能**が報告されている。

一般的に、**血圧降下作用のしくみ**として、以下のことが知られている。

① 血圧調節に関与しているレニン―アンジオテンシン系に働き、アンジオテンシンⅠを血管収縮作用の強いアンジオテンシンⅡへ変換させる酵素（ACE）の働きを阻害する。血管が収縮すると血圧が上昇するので、それを阻害することによって血圧を下げるというわけである。

② 血管平滑筋の収縮、弛緩を制御している種々のカルシウムチャネルに働きかけ、カルシウムイオンが細胞内に流入するのを阻害して血管を拡張させ、血圧を下げる。

③ 心臓や交感神経に存在するβアドレナリン受容体を遮断《しゃだん》することによって、心拍出量低下、心拍数の低下、ノルアドレナリン遊離抑制などにより血圧を下げる。

ここで、筆者の実験から、「かつお節だしの血圧降下作用のメカニズム」について、新たな知見を得たので紹介する。

かつお節だしの血圧降下作用は、当初、すでにかつお節のタンパク質を酵素で分解したペプチドがアンジオテンシン変換酵素（ACE）を阻害するものと考えられていた。しかし、かつお節だしでは、試験管でのACE阻害活性は弱いにもかかわらず、ラットを用いた実験ではより強い降圧作用が認められた。この違いから、かつお節だしにはACE阻害以外のメカニズムが働いているのではと考え、ラット摘出大動脈標本での作用を検討した。

詳細は省くが、その結果、かつお節だしの血圧降下作用のしくみとして、アンジオテンシン変換酵素阻害作用に加えて、血管平滑筋を直接弛緩させる作用もあるらしいことがわかった。

また、このほかにも**精神および肉体の疲労改善効果**、**眼精疲労改善効果**、**乾燥肌・荒れ肌改善効果**、**脳血管障害の予防作用**が確認されており、そのメカニズムとして血流改善の関与が推察されている。今後、メカニズム解析や新機能が続々発見されるであろう。

### (3) 減塩効果

塩分（ナトリウム）は人間にとって、とらなければならない必須のミネラルであるが、最近とみに高まっている健康への関心から「食塩のとり過ぎ」が問題になることが多い。しかし、塩味を控えた料理は物足りなくておいしさに欠けてしまうのが、食塩の摂取量が減らない原因でもある。

そこで、塩分を控えて料理をおいしく食べる工夫として、塩味以外に有効な味や香りを積極的に

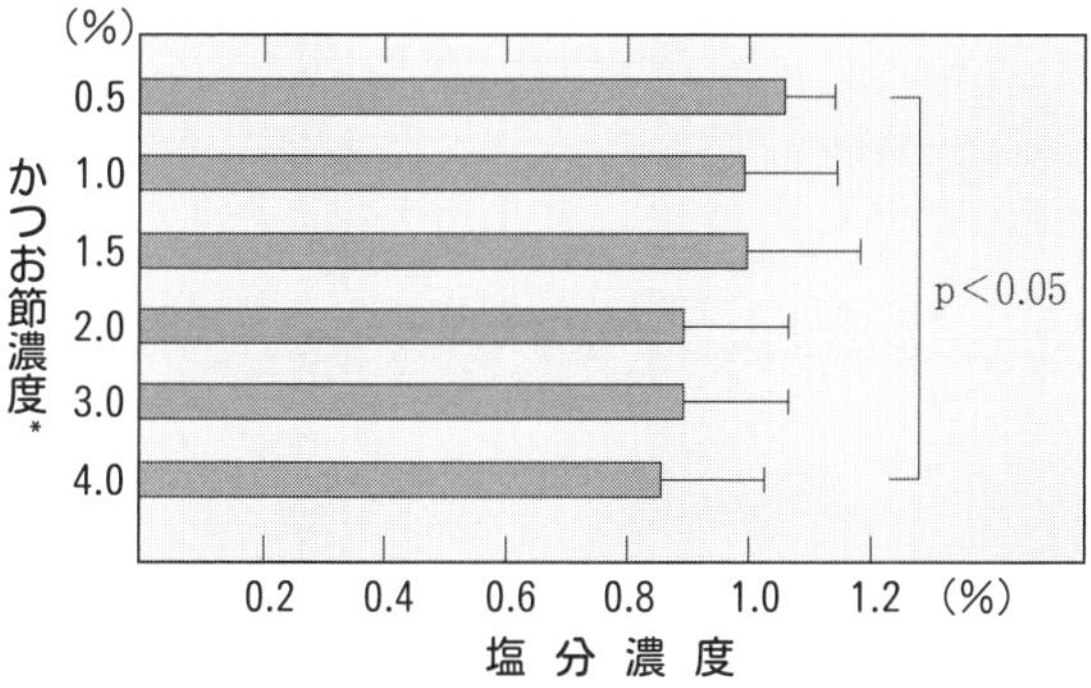


＊　だし量に対する使用かつお節量比

図5－15　かつお節だし使用による減塩効果
（瀬戸美江ほか：調理科学，36，219，2003）

利用する方法がある。だしを効かせることは、香辛料を使ったり、酸味を加えることなどと並んで、きわめて有効な方法である。だしによる減塩については多くの研究があるが、味噌汁で、かつお節だしを濃い状態（ここでは四％）でとることによって、塩分を約二〇％減らすことができるという研究結果を得ている（図5―15）。**だしを十分に効かせた食事は、おいしいだけでなく、減塩効果もあり、一挙両得**ということになる。

## 6　かつお節以外の節類のだし

かつお節のように、〝節〟になる魚は、カツオのほかにも、**マグロ**、**サバ**、**アジ**、**イワシ**などがある。煮たり焼いたりする間に形が崩れてしまう魚は、基本的には節づくりには適さない魚といえる。これには魚自体の筋肉を構成するタンパク質の組成が深く関係しており、一般的に、回遊魚のように筋形質タンパク質の割合の多い魚や筋繊維の細い魚は煮るとかたくなるので、節づくりに適しているといえる。

### (1)　まぐろ節

マグロのなかでも脂の少ない**キハダマグロ**を原料とする。関東では「めじ節」とも呼ぶ。枯節はほとんどつくらず、荒節が主体で、血合い抜きの節を使うことが多い。節自体もだしも色が薄く、上品なうま味のだしである。主に関西で使われ、料亭、割烹など高級店での需要が高い。上品な椀だしや添え物用の糸削りとしてよく用いられる。

### (2) 宗田節

ソウダガツオを原料とする。高知県の土佐清水が一大産地で「めじか節」とも呼ばれる。かつお節やまぐろ節に比べて血合い部分の割合が多いため、味・色とも濃厚なだしがとれるので、椀物よりそば・うどんだしや、煮物に多く使われる。

### (3) さば節

関東以南で獲れる脂の少ない**ゴマサバ**が主原料。製造工程はかつお節と似ており、煮熟、焙乾を経て「節」となる。魚体がカツオより小さいので、頭と内臓を除き、丸のまま約一時間煮熟した後、冷まし、割って中骨を取り、焙乾する。世界遺産に登録された屋久島では、今も、昔ながらの伝統的製法で、島に回遊してくる屋久サバを加工し、「屋久さば節」をつくっている。ここでは、カビづけまで終えるのに約一年を要する。しかし近年、節用のサバは鹿児島の枕崎経由で冷凍ものが供給されるようになり、その事情が少しずつ変わってきている。

「さば節」はうま味の強いだしがとれ、雑味が少なく、香りはおだやかですっきりしているが、風味が飛びやすい。単独で使われることは少なく、かつお節や宗田節と合わせて使われることが多い。また、醤油や味噌に合い、そば・うどんのかけ汁のだしとして使われる。冷めるとサバ特有の臭みが出る。

### (4) ムロ節

**ムロアジ**の節で、だしの色は薄いレモン色で香りは弱く、味はまろやかである。さば節よりさっぱりした味で、臭みが少なく、冷めても臭みはあまり出ないが、長時間煮つめると、渋味を生ずることがある。

だしとして、名古屋地方で多く使われる。

### (5) いわし節

**マイワシ**、**ウルメイワシ**、**カタクチイワシ**をそれぞれ原料とした節があり、東海と九州が主な産地である。

「ウルメイワシ節」は、火入れを一回行った後、二〇日から一か月間風乾する。だしは黄味がかって濃い香りと深みのある味が特徴で、関西方面でうどんのだしに使われる。

「マイワシ」、「カタクチイワシ」の節は同じく黄味がかっており、味、香りともに苦味と生臭みなど癖《くせ》があり、味噌汁用のだしに多く使われる。

### (6) さけ節（鮭節）

北海道帯広市で、かつお節にヒントを得て商品化されたものである。他の節とは少々異なるが、珍しい例として紹介したい。

今まで肥料用としての用途しかなかった産卵後の**サケ**を節として蘇《よみがえ》らせたものである。製造過程でのエキス成分の流出が多いので、うま味物質確保のために、生魚にタンパク質分解酵素を注入し、グルタミン酸リッチな節にしている。生サケを三枚におろし、酵素を注入した後、九五度三〇分間蒸煮、焙乾一回（八〇度二時間）で生節仕上げ、このあと八回ほど焙乾をくり返す。でき上がった節は、節類に多い**イノシン酸は著しく少ないが**、**グルタミン酸がかつお節の一〇倍以上**となっている。うま味、濃厚感があり、こく味、味の持続性も高い。削り節にすると、鮭本来の肌色がさえる。だし汁はもとより、削り節としておひたしや冷奴の上置き、おにぎりの具などに広く用いられている。

●引用・参考文献●

★1 和田　俊ら：第五回世界水産会議、二一四頁、二〇〇八年十月、横浜

★2 川口和宏：素材のおいしさを科学する　日本味と匂学会誌、**一二**　別冊、一二三～一三〇、二〇〇五

・福家眞也：食品の味、化学総説、四〇、九二〜一〇〇頁、一九九九
・川上行蔵：つれづれ日本食物史　第二巻、一四〇〜一四三頁、東京美術、一九九二
・塙保己一編纂：「大草殿より相伝之聞書」群書類聚、第一九輯、八〇九、八四四頁、続群書類聚完成会、一九八三
・上田不二夫ほか（座間味村史編集委員会）：座間味村史 上巻、座間味村役場、一九八九
・混効験集（評定所本）、沖縄県教育委員会、一九八四
・清代中琉関係档案選編：中国第一歴史档案館　北京、一九九三
・徐　恭生：協中琉歴史関係論文集、中琉文化經濟協会　台北、一九九九
・新島正子：私の琉球料理、柴田書店、一九八三
・神崎宣武・二平　章・松下幸子ほか：日本人はなぜかつおを食べてきたのか（かつおフォーラム開催記録本）、味の素食の文化センター、二〇〇五

# 第6章 その他のだし

さまざまなだし素材が使われている

本章では、その他のだしとして、精進だし、煮干しだし、焼き干しだしのほか、現在の日本のだし文化の底上げと普及に大きく貢献してきた風味調味料も加えた。

# 1 精進だし

「精進料理に使われるだし」は、ほとんどが昆布だしをベースに、さまざまな植物性のだしを混合して、複雑なうま味のだしをとることが多い。だしの種類としては、**昆布だし**、**干ししいたけのだし**、**昆布とかんぴょう・干ししいたけのあわせだし**、**昆布・大豆・にんじん・かんぴょうの合わせだし**など、その組み合わせはさまざまである。

## 1 だしの呈味成分

一般に、**蔬菜**《そさい》（**野菜**）**のうま味成分**は、遊離アミノ酸や糖、有機酸で構成されており、イノシン酸はない。遊離アミノ酸では、グルタミン酸、グルタミン、アスパラギン酸、アスパラギン、アラニン、バリン、アルギニンなどが多い。

**精進料理のだし**は、歴史的に昆布と併用されることが多かったが、精進だし素材をそれぞれ単独で使っただしに比べて、そこに昆布を加えることによって、うま味成分であるグルタミン酸やアスパラギン酸などの数値が増えることが報告されている（図6―1）。

次に、精進だし素材のなかの、「干ししいたけ」について少し詳しくみてみよう。

## 2　干ししいたけの呈味成分

干ししいたけは、「浸水」や「加熱」をすることで、初めてうま味を生じる。

干ししいたけのうま味成分である**グアニル酸**は、シイタケの組織中には核酸として存在し、加熱中に酵素ヌクレアーゼの作用により生成される。すなわち、干ししいたけそのものにはうま味はなく、加熱により初めてうま味が感じられるというわけである。生成されたグアニル酸はさらに酵素ホスファターゼによって分解されてグアニンとなるが、このグアニンにはうま味はない。したがって、加熱

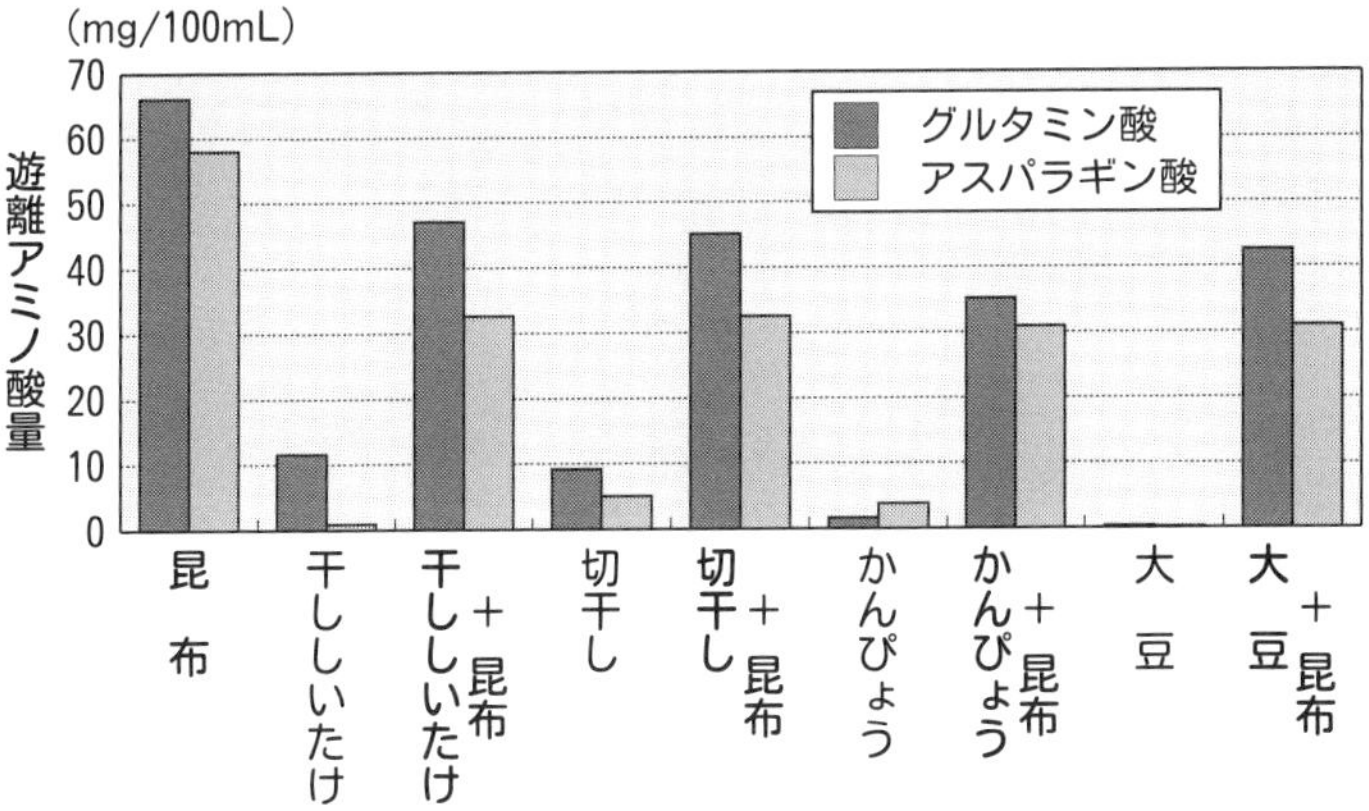


図6－1　精進だしでの昆布の効果
（単独だしは4％，混合だしはそれぞれ2％）
（東口みづかほか：日本食生活学会誌，15，253，2005 より作成）

中にヌクレアーゼを働かせ、ホスファターゼを働かせない方法が、うま味成分のグアニル酸を多く蓄積させる方法ということになる。両酵素とも六〇度付近で急速に失活するので、**シイタケのうま味を引き出すには、五〇〜六〇度付近の温度域を、一分間に五度前後の温度上昇速度で加熱することが効果的**である。この温度ではヌクレアーゼによるグアニル酸生成は進むが、ホスファターゼによる分解は、まだそれほど起こっていないからである。★1

## 3　日本の精進料理の歴史

日本には、六世紀初頭に中国から仏教が伝来した後、精進の思想と習慣が少しずつ定着し始めた。親鸞聖人《しんらんしょうにん》の時代になって、一般の人々にも、日常は魚介肉類を食べていても、忌日には精進物を食べる習慣が根づいていきた。

**日本の寺院の精進料理**は、鎌倉中期になって宋から**禅宗**が移入された時期に本格的に確立した。道元禅師が食と禅を関連づけ、栄西が抹茶と禅のつながりを深めた。禅宗の移入によって、料理の種類や料理法が大きく変化した。「煮る」という料理法が確立し、それまでは「生」か「干す」または「焼く」ものが多かったが、「羹《あつもの》」（温かい汁物）が出現した。

日本で最古の精進料理専門書といわれている『和漢精進料理抄』（一六九七年）のなかに、刊行に至った経緯が次のように述べられている。

「昔から世間に流布している書物には、精進料理という言葉は見当たらない。そのために書店でも以前からそれがほしいという声が絶えず、秘事、口伝の正しい書を求め、日本料理を加えて上梓を希望する声が毎日あった」とあり、当時精進料理がいかに広く普及していたかがうかがわれる一節である。

時を同じくして江戸時代には、中国僧隠元《いんげん》禅師により**中国風（黄檗宗）の精進料理**が広まった。のちの**普茶《ふちゃ》料理**である。これは、今までの精進料理のように仏事食としてではなく、文人や数寄者などに広くもてはやされた。江戸八百膳のような格式ある料理屋でのメニューにもなり、店主による料理書である『料理通』（一八二二〜一八三五年）にも収められている。それをみると、当時の普茶料理に対する関心の高さがうかがわれる。数人が一つのテーブルを囲み、大皿で出された料理を各人がとりわけて食べるという食事様式は、各自の膳で一人ずつ供される従来の食事と比べて画期的だったに違いない。普茶料理は、炒め煮や揚げ物など油脂の普及にも貢献した。

このように、精進料理には二つの大きな流れがある。ひとつは日本の修行僧が中国から持ち帰った料理や加工技術を、日本の素材を使って時代とともに日本化させていった「日本式の精進料理」であり、もうひとつは中国の寺院の料理が中国僧によってもたらされた「普茶料理」である。

その後、明治になり欧風料理が輸入されたが、精進料理は仏事の食事として現在も息づいている。

## 4　だしの歴史

『料理物語』（一六四三年）に「精進のだしは　かんへう（かんぴょう）昆布　ぽしたでもちごめ　ほしかぶら　干大根　右之内取合よし」と記されており、**古くからさまざまな植物性のうま味がだしとして使われてきた。**

そして、『魚類精進早見献立帳』（一八三四年）では、精進料理のだしは、昆布やかんぴょうが多く使われ、植物性素材ばかりなので、味加減がかつお節などのような魚類のだしに比べてむずかしいと述べている。

江戸時代の多くの料理書には、精進の部があり、精進のだしが必ず紹介されている。大名や武家の食生活の記録でも、先祖の命日などの忌日の食事は御精進と記されていて、月に二、三回と回数も多い。現在の食生活では寺院など食べられる場所も限られ、特殊なものになっているが、江戸時代には日常生活に浸透していたようである。

# 2　煮干しだし

## 1　だしの呈味成分

**魚貝類を煮熟し乾燥したもの**をいい、通常はカタクチイワシ、マイワシの幼魚の煮干しを指すことが多い。「いりこ」ともいう。カタクチイワシ、マイワシ、ウルメイワシなどを水洗いし、食塩水中で煮熟後、水分二〇%以下まで乾燥する。食塩水中で煮熟するので、煮干しを三%使用しただしでは、〇・一～〇・二%の塩分が含まれる。煮干しだしの主なうま味成分は、**イノシン酸**と**アミノ酸類**であり（図6—2）、煮干しだしはかつお節だしに比べ、**酸味は弱く**、**生ぐさみが強い**ので、**味噌汁や総菜用のだしとして利用されることが多い**。

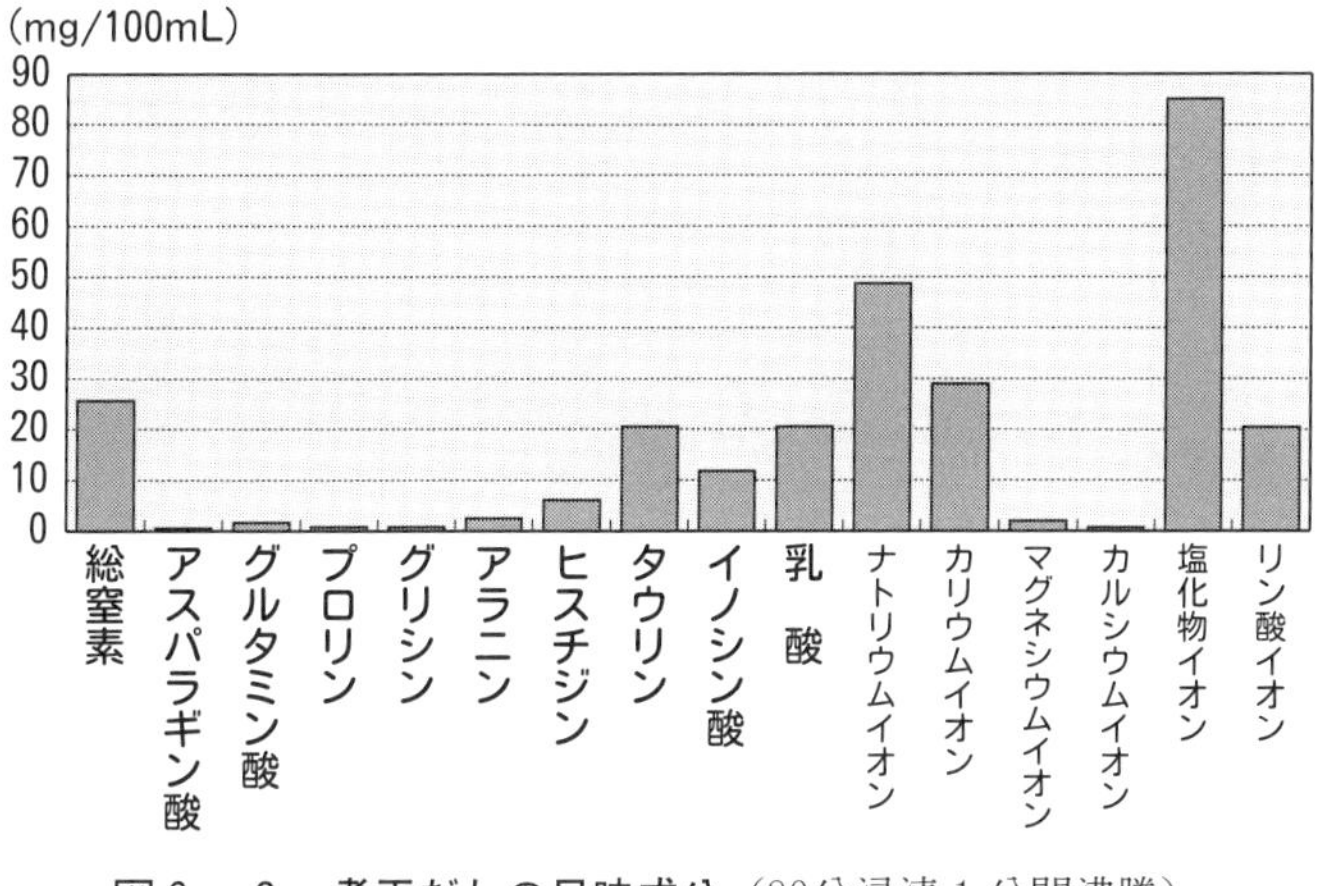


**図6－2　煮干だしの呈味成分**（30分浸漬1分間沸騰）
（平田裕子ほか：家政誌，40，891，1989 より作成）

## 2　だしのとり方

**煮干し**は、かつお削り節に比べて厚みがあるので、浸水したり、加熱時間もやや長くしたりする。かつお節は短時間の加熱のほうが好ましい香りのだしになるが、煮干しの場合は脂肪の酸化によって生じたカルボニル化合物や、アンモニア、ジメチルアミン、トリメチルアミンは沸騰を継続することによって揮散し、好ましい香りになる。

だしをとる場合、煮干しの頭とわたを取り、丸のまま、半身に割いたもの、さらに細かく割いたもの、あるいは粉末にしたものなど、さまざまな形態があるが、細かくするほどだし中のリボヌクレオチドが多くなる。とくに、煮干しの「頭部」と「内臓」には油脂が多く油焼けが進みやすいので、これらを除くことは好ましいだしをとる必須条件である。**浸水の効果**も、形態が小さいほど、また浸水時間が長いほどリボヌクレオチド量は多く、とくに最初の三〇分間での増加が著しい。ただ二時間以上浸水してもおいしさは変わらない。**沸騰**は、一〇～三〇分間継続することが好ましく、六〇分間以上沸騰を続けると、苦味、酸味、金属味を感ずるようになる。

## 3　煮干しと煮干しだしの歴史

「煮干し」については「かつお節」や「昆布」と比べ、その歴史がほとんど明らかになっていない。おそらく、かつお節や昆布については、採れる地域が限られ、為政者の財政収入の手段として非常に重要な位置を占めていたので、多くの史料が残されたのに対し、**煮干しは身近に手に入り、安価な庶民の食料として生き続けたもの**であるためと思われる。

煮干しは、古くは奈良の藤原宮（六九四～七一〇年）跡から出土した木簡で、今の山口県から「いわし煮」が朝廷に貢納されていたことが明らかにされているという。輸送距離から推定して煮干し様の乾燥物と考えられるが、その後の煮干しの生産や消費の実態ははっきりせず、江戸の町で煮干しが食べられていたかどうかも含め、今後の研究に負うところが大きい。

明治後期以降の煮干し生産と消費の実態をみると、瀬戸内海沿岸地方では、一八九四（明治二七）年にすでに各地で生産がみられるが、東京をはじめ東日本では明治中ごろまでは「煮干し」の生産や消費はほとんどなかったといって差し支えなさそうである。既述の『日本食生活全集』から、二例ほど紹介する。

広島では、「いりこは秋の土用にとったものが、脂ものっていておいしく、変質しにくいといわれ、この時期のものを「かこいいりこ」といって、一俵、二俵と買い置きする家庭が多い。いりこは毎日、汁のだしにしたり煮しめに入れたりしてうま味を補う材料としてよく用いられる。いずれの場合もだしかすとして取り除くようなことはせず、他の材料といっしょに食べてしまう。だし以外にも、いりこ飯やいりこ味噌など生魚の代わりにいろいろ用いられ、用途は広い」とある。

愛媛では、「いりこ（煮干）はふだんのおつう（おつゆ）や煮菜のだしとして使う他、そのまま味噌をつけて食べたりもする。いりこはどこの家でも心がけて手に入れ、きらさないようにしている」とあり、いりこ（煮干し）が当時大切な食料であり、だし素材でもあったことがわかる。

実際に昭和三〇～四〇年ごろまで、農家では、農繁期などの忙しい時期には、焙烙（ほうろく）で煮干しを炒って、おかずとして食べていたという話も聞いている。

## 3　焼き干しだし

加熱して鮮度低下を抑え、さらに乾かして保存性をもたせる方法である。煮干しは煮るための容器が必要であるが、焼き干しは火さえあれば焼いて乾かすだけなので、煮干しよりも古い貯蔵方法であろう。ハゼやアユ、イワシやアナゴなどの焼き干しがあり、内臓を除去し、焼いて、その後干してだし材料とする。

### 1　いわし焼き干しの成分値

青森県平舘村では、伝統的にイワシを原料とした**いわし焼き干し**が製造されている。秋に漁獲されるイワシの頭と内臓を除去した後、炭火で焼いたもので、だしとしてまたはそのまま食べられている。ここでは、マイワシ、カタクチイワシ、ウルメイワシのそれぞれの遊離アミノ酸組成を図6―3に示した。いずれも**ヒスチジン**の占める割合が五〇%前後で、これは赤身魚の一般的特徴といえる。次に多いのが**タウリン**で、いずれの魚種でも二〇%以上である。

## 2　焼きあごだしのとり方とだしの成分

**アゴ**は飛魚の稚魚で、**焼きあご**は、アゴを炭火で焼いた後、乾燥させたものである。長崎や博多では、古くからだしとして親しまれており、今でも正月の雑煮には欠かせない材料である。そのままの形より、二つ折り、粉末など細かくして加熱することでだしへの溶出が容易になり、予備浸漬を行うことにより短時間の加熱でだし成分が浸出する。たとえば、六〇分予備浸漬をすれば、沸騰後一〇分でだし成分はほぼ完全に浸出することなどが

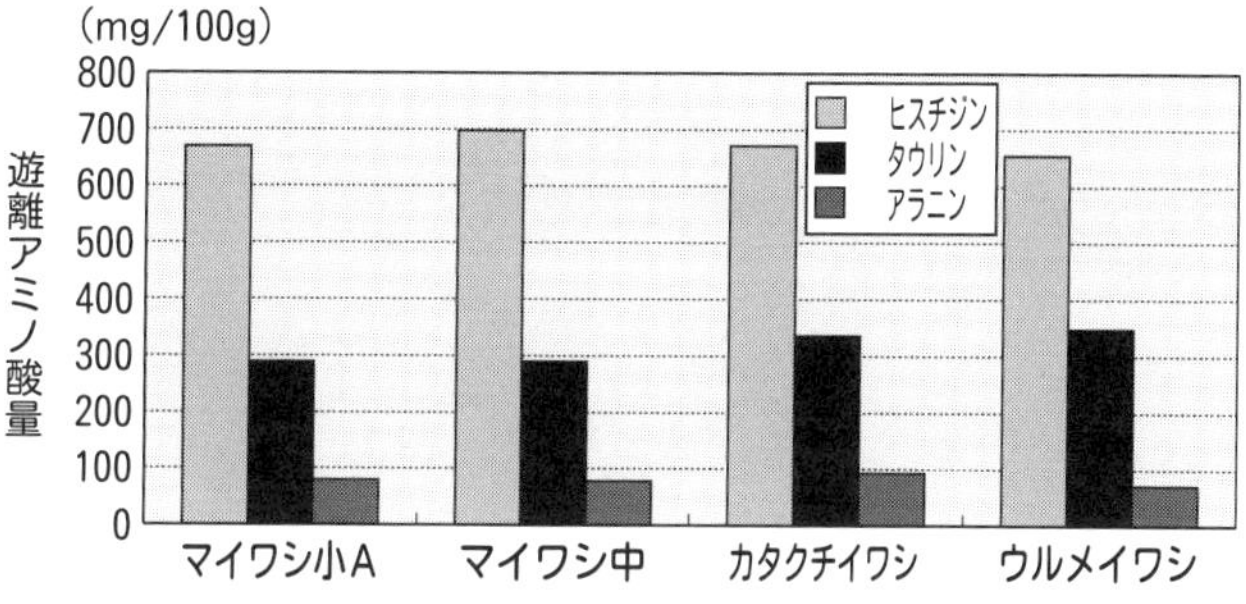


図6－3　いわし焼干し中の主なアミノ酸
(小野寺陽子：青水加研報，p. 41，1998 より作成)

明らかになっている。★2

### 3　焼き干しの歴史

『食生活全集』によれば全国ほとんどの県で食べられていたようである。その中からいくつか紹介しよう。

**アユの焼き干し**は、静岡県袋井市見取では、湯でもどしてから甘露煮にしたり、野菜の煮物の中に入れたりする。だしとして使えば、かつお節のだしとは違った薫り高いだしになると紹介されている。島根県匹見町道川（現益田市）では、正月の雑煮やそうめんのだし、そば、汁物に使い、上品なだしができるという。

秋田の**カタクチイワシの焼き干し**については、「秋にとれるカタクチイワシは、浜と続いている畑で焼いて、三尺四方の木箱で底に穴の開いたふるいに並べて、浜の風通しのよいところに木を組んで高くつるしておく。二、三日乾かせば出来上がり。焼き干しは煮物、汁ものだしに使われる」とあり、焼き干しは、青森、秋田、山形など東北地方で多く食べられていたらしい。

焼き干しといえば先に紹介した「焼きあご」が有名である。長崎県平戸での焼きあごについては、「横二尺、縦一尺五寸の角七輪に炭をおこし、二本の金串に二〇匹ほどのあごの腹を刺したもの数組を乗せて焼く。途中何回もひっくり返しながら焼く。焼き上がったものは天日で乾燥させ、わらに組んで仕上げる。自家用の干しあご、焼きあごは、いろりの梁（はり）に何本もくくってつるしておくと、よく乾燥するので一年中食べられる。…どこの家でも焼きあごを作っておき、一年中味噌おつけ、すまし汁、煮物のだしとして使う」と紹介されている。

## 4 風味調味料（だしの素）

戦後の著しい高度経済成長とあいまって、社会環境、生活スタイルが激変するなかで、簡便性と経済性を満足させた「風味調味料」の出現は、日本のだし文化を大きく展開させた。利便性や簡便性は享受しつつも、「だし」への潜在欲求の強力な後押しがあって、従来だし素材が入手しにくかった地域の人々にまで、広く浸透していったのである。

**風味調味料**は、JASに定義されており、「調味料（アミノ酸等）及び風味原料（かつお節等節類、煮干魚類、こんぶ、貝柱、乾しいたけなどの粉末又は抽出濃縮物）に砂糖類、食塩等を加え、乾燥し、粉末状もしくは顆粒状にしたものであり、調理の際風味原料の香りや味を付与するもの」とある。風味原料の全窒素分が、かつお節粉末や抽出濃縮物では二・七％以上、煮干しいわしで二・五％以上と義務づけられている。とくに「かつお節」は、焙乾による香りが命であり、この**香りを風味調味料のなかにいかに封じ込めるか**に、技術陣は身を削る苦労を重ねてきた。

一九七〇年代以降、かつお節を中心に、いりこ、昆布などさまざまな風味調味料が発売されてきた。現在、風味調味料の発売から足掛け半世紀が経過し、**簡便性**と**経済性**の訴求に加え、〝**ほんものの香りを届けること**〟を売りものにして、だしの代名詞の地位を不動のものとしている。

**●引用・参考文献●**


★1 遠藤金次：シイタケを煮る、調理科学、**二二**、五八～六二、一九八九

★2 久木野睦子：焼あごのだし汁に関する研究、家政誌、**三九**、八二三～八二八、一九八八

・精進料理大事典　一、寺院伝統行事料理編、五〇～五四頁、雄山閣、一九八三

・吉井始子編：料理物語、江戸時代料理本集成　第一巻、一三頁、臨川書店、一九七八

・堀口辰司・田辺　伸：煮干、全国煮干協会、一九九九

・聞き書　ふるさとの家庭料理　一七巻、一〇二～一〇三頁、農山漁村文化協会、二〇〇三

# 第7章 日本人の食の嗜好

## 「だしの世界」からみえてきた食文化受容の道筋

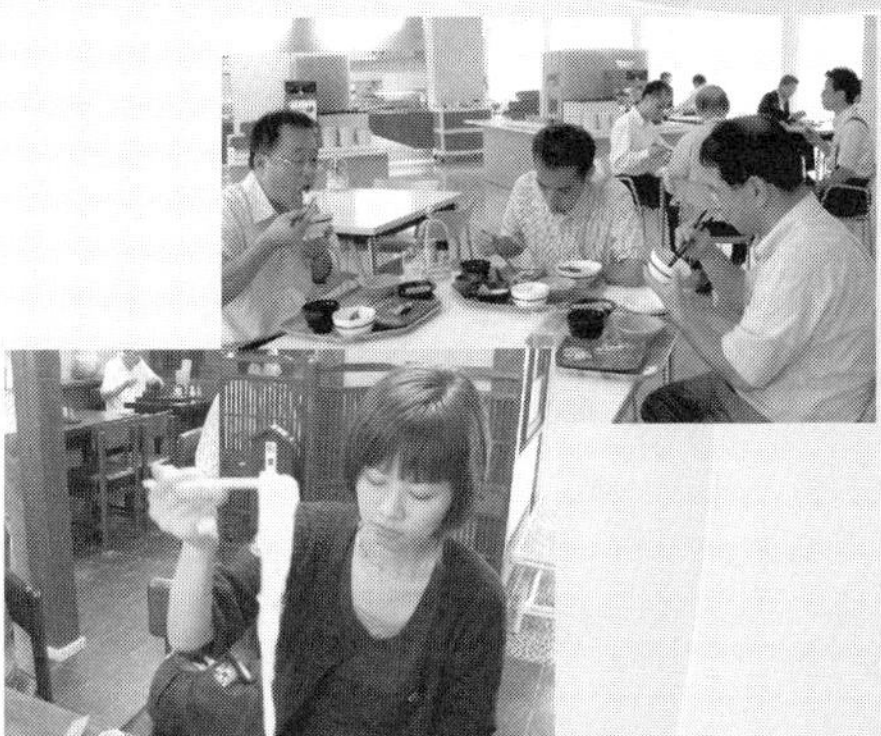

普段の食事でも「だし」は欠かせない

# 1　日本人の食の嗜好（好き嫌い）はどう変わったか

戦後、日本人の食生活が著しく変化したなかで、日本人の食に対する嗜好にも変化が生じているのではないかという視点で、一九七八年、一九八〇年、一九八二年の三回にわたる調査に続き、二〇年後の二〇〇〇年に再び行った嗜好調査結果がある。いずれも、味の素㈱が行った全国五、〇〇〇人規模の大がかりなものである。二〇年前に比べて対象食品の品目に若干のズレがあるので、一概に結論づけるのはむずかしいが、「だし」と関連づけてみてみよう。

自分自身の経験と照らしてみても、一般的に、齢《とし》をとるに従い、嗜好の幅が狭まることが知られている。その時期が、二〇年前の調査では三〇歳代と四〇歳代の間であったが、二〇〇〇年調査では四〇歳代から五〇歳代の間へと若干シフトした。嗜好の分岐点が、二〇年間で一〇歳ずれ込むという結果は、**日本人の食に対する嗜好の幅が広がっている**ことを示しているといえそうである。現在の四〇歳代世代では、彼らの幼少期に、新しい食材やメニューがかなり多く出まわり、これらを早い時期から体験し、嗜好の幅を広げたことが大きな要因と考えられる。

また、人間の一生のなかに**嗜好の変換点**があり、一回目は二〇～三〇歳代であり、二回目は三〇～四〇歳代である。二〇年前の調査では二〇歳代から三〇歳代の変換点では、和風イメージの強い食品が好きになり、三〇歳代から四〇歳代には洋風イメージの強い食品が嫌いになるという結果であった（図7―1）。二〇〇〇年調査では、食材がさらに多様化し、和風・洋風という単純な区分だけで結論づけるのはむずかしいが、概観すると、**加齢とともにさっぱり系でヘルシーイメージの強い魚類、きのこ類、野菜類などの食材をより好むという傾向**は、男女共にうかがえる（表7―1）。

食の嗜好は、①年齢によって本来備わっている生理的なもの、②ある時代の歴史的食環境による影響、③育った環境による個人の食履歴などの複合したもので決まってくると考えられるが、二〇年前の調査と比べても、ほぼ類似した傾向が出てきたということは、これを**日本人の食の嗜好**として結論づけてもよいかもしれない。

国民健康・栄養調査の結果からみても、魚介類は一人一日あたり、一九七五年九四グラムから減少はしているものの、二〇〇六年で八〇グラムを維持している。肉類は一九七五年六四グラムから徐々に増加傾向にはあるが、一九九五年の八二グラムからほぼ横ばいである。油脂類も最近はやや減少傾向で、日本人の食生活には日本独自のパターンがあり、決して欧米型食生活をたどっているというわけでもなさそうである。

**幼少期にいかに多くの食品に触れたか**ということが、その人の一生の嗜好の形成を左右するといっても過言ではないし、日本人はどの年代をみても、また時代が変わっても、総じて

| | 10～20代 | 20～30代 | 30～40代 | 40～50代 |
|---|---|---|---|---|
| 「好まない」から「好む」へ変化する食品数 | 〈和　風〉<br>・おでん<br>〈こってり〉<br>・酢豚<br>〈アルコール〉<br>・ビール<br>・ワイン<br>・日本酒 | 〈和　風〉<br>・ご飯<br>・野菜の煮物<br>・焼魚<br>・ごまあえ<br>・みそ汁<br>・豆腐<br>・漬けもの<br>・魚の干もの<br>〈こってり〉<br>・すき焼き<br>〈酸　味〉<br>・酢の物<br>〈スパイス〉<br>・さんしょう | 〈甘　味〉<br>・和菓子<br>・煮豆・きんとん | |
| 「好む」から「好まない」へ変化する食品数 | | 〈甘　味〉<br>・アイスクリーム<br>・シャーベット<br>・プリン<br>・ココア<br>・カルピス<br>〈酸　味〉<br>・夏みかん | 〈洋　風〉<br>・肉まんじゅう<br>・ホットドッグ<br>・スパゲッティ<br>・ピザパイ<br>・サンドイッチ<br>・シューマイ<br>・ギョーザ<br>・クリームシチュー<br>・グラタン<br>・ハンバーグ<br>〈こってり〉<br>・鶏のから揚げ<br>〈甘　味〉<br>・洋菓子<br>・ジュース<br>〈スパイス〉<br>・マスタード<br>〈アルコール〉<br>・洋酒 | 〈こってり〉<br>・焼肉<br>・酢豚<br>・とんかつ<br>〈スパイス〉<br>・七味唐がらし<br>・こしょう<br>〈アルコール〉<br>・ビール<br>・ワイン |

**図7－1　食品の嗜好の分岐年齢**

（資料：味の素 食生活情報　13，食の嗜好，1987）

表7－1　年齢別　好きなメニューベスト10

| | 15～19歳 | 20代 | 30代 | 40代 | 50代 | 60代 | 70代 |
|---|---|---|---|---|---|---|---|
| 1位 | たこ焼き 90 | 鶏のから揚げ 83 | にぎりずし 82 | にぎりずし 81 | みそ汁 78 | ごはん 79 | ごはん 78 |
| 2位 | 鶏のから揚げ 86 | 焼肉・鉄板焼き 83 | ごはん 81 | ごはん 79 | にぎりずし 78 | みそ汁 79 | みそ汁 75 |
| 3位 | ラーメン 86 | ラーメン 83 | ラーメン 80 | 刺身 74 | ごはん 76 | 刺身 74 | 赤飯 72 |
| 4位 | お好み焼き 85 | たこ焼き 83 | 焼肉・鉄板焼き 79 | ラーメン 72 | 刺身 72 | にぎりずし 73 | にぎりずし 69 |
| 5位 | ピザ 85 | 焼き鳥 81 | 鶏のから揚げ 79 | みそ汁 72 | 豚汁 69 | 大根おろし 70 | 大根おろし 69 |
| 6位 | 焼肉・鉄板焼き 84 | ごはん 80 | ギョーザ 77 | 炊き込みご飯 77 | 魚の塩焼き 67 | 炊き込みご飯 69 | 刺身 67 |
| 7位 | 焼き鳥 82 | お好み焼き 80 | 焼き鳥 77 | 焼肉・鉄板焼き 70 | すき焼き 67 | 魚の塩焼き 68 | 炊き込みご飯 65 |
| 8位 | カレーライス 80 | にぎりずし 76 | カレーライス 76 | 豚汁 68 | 炊き込みご飯 67 | 赤飯 67 | ほうれん草のおひたし 65 |
| 9位 | ハンバーグ 78 | カレーライス 75 | たこ焼き 76 | ギョーザ 67 | 混ぜずし 67 | 混ぜずし 67 | 豆腐 65 |
| 10位 | ごはん 78 | 炊き込みご飯 74 | 豚汁 74 | たこ焼き 67 | 大根おろし 66 | ほうれん草のおひたし 66 | 混ぜずし 64 |

（注）「特に好き」「好き」「ふつう」「嫌い」「わからない・食べたことがない」の5択のうち,「特に好き」「好き」の合計値

■ 和風イメージのメニュー

（味の素「嗜好調査」2000）

和風メニューへの**嗜好性が高い**と考えてよさそうである。とすれば、まさに〝だし〟の出番である。

## 2 かつお節だしに対する「日本人」と「中国人」の嗜好の違い

おそらく一部の限られた人々だったかもしれないが、日本人が近世以前からかつお節だしを料理に利用してきたことや、だしのとり方の定義がすでに江戸時代初期には示されていたことが、当時の料理書から明らかとなった。

現代の日本では、とくに一九六〇年代の高度経済成長期以降、食の国際化・多様化のなかで西洋料理や中国料理も頻繁に食べられるようになった。したがって、鶏ガラや牛のブイヨンなどももちろん馴染み深いわけであるが、なんといっても、かつお節だしは日本では最も人気がある。

それにもかかわらず、**カツオは日本以外ではほとんどだしとして用いられていない**。今までみてきたように、カツオを食用とする地域は日本以外にもみられるが、だしとして用いることはなく、そのまま、あるいは乾燥させて煮て食べているのが普通である。

なぜ、かつお節だしが、世界的にみてごく偏った地域でのみ好まれるのだろうか。また、他地域に広がる可能性があるものなのだろうか。そのことについて調べてみることにしよう。

「かつお節だし」は、隣国でありながら中国でも食べられていない。そこで、中国のだしである「鶏湯」を対照にして嗜好性という視点で、比較してみた。

試料は、かつお節だし二種類（荒節だし、本枯節だし）と、鶏湯三種類（日本製 一、上海製 二）で、評価者（パネル）は、日本（東京）と中国（上海）の学生と研究員で、それぞれ五〇名前後とした。

まず、**嗜好意欲尺度**による評価、すなわち好きか嫌いかについて聞き、五種のだしに対する評価を図7―2に示

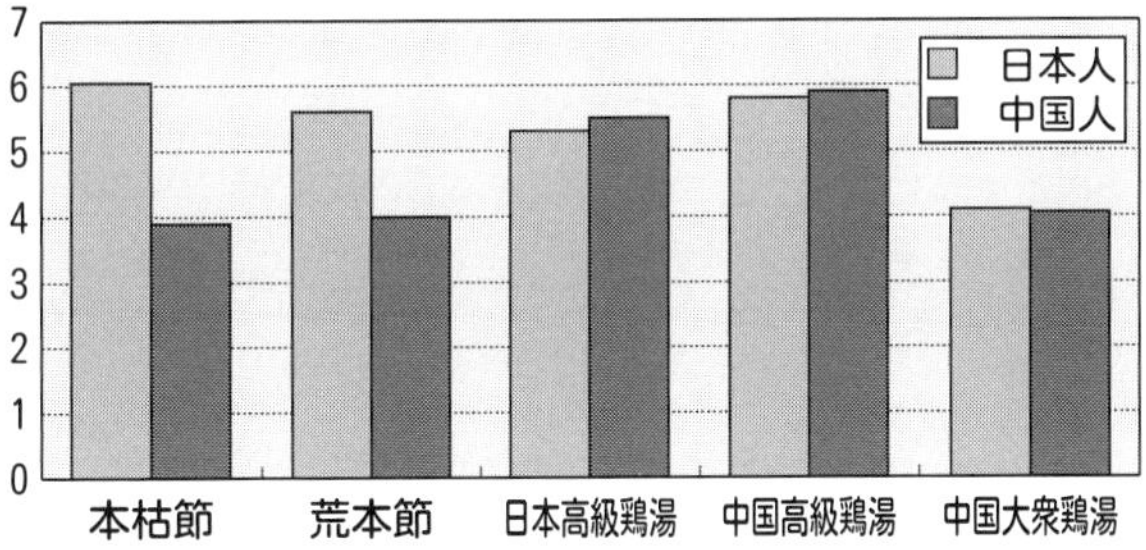


9　どんな時も（いつも）食べたい
8　しょっちゅう食べたい
7　しばしば食べたい
6　好きだから時々食べたい
5　たまたま手に入れば食べる
4　好きではないが場合によっては食べる
3　他の食品を選べない状況ならば食べる
2　強制されれば食べる
1　これなら何も食べないほうがよい

**図7－2　5種のだしに対する嗜好意欲（平均値）の日中比較**

した。

**鶏湯**に対しては、両国ともその味によく馴染んでいるからか、日本人パネル（以下日本人）も中国人パネル（以下中国人）も同程度に好んだが、**かつお節だし**に対しては両国間に差が出た。すなわち、日本人は「好きだから時々食べたい」と好んでいるのに対し、中国人は「好きではないが場合によっては食べる」という程度でそれほどは好んでいないことがわかった。

余談であるが、実際に上海の大学生たちに、かつお節だしを味わってもらったのだが、一回目は、いかにも「まずくて口にしたくない」といった表情だったのが、二度、三度と回を重ねるうちに、かつお節だしに対するイメージが、少しずつではあるが、変わってきていることが手に取るようにわかった。**味は学習されるもの**であることを実感した次第である。

次に、なぜ、日中の好みに差があるのか、さらに詳しい官能評価を行うことにした。

しかし、ここで問題が出てきた。かつお節だしを日常味わっていている日本人と、味わったことのない中国人に対して官能評価を行うためには、**だしを評価する共通の用語**が必要となったのである。

まず、だしを表現していると考えられる用語をできるだけ多く収集して、第一段階で、それぞれを四九語まで絞った（表7―2）。中国からは「木の香り」「油の劣化臭」など具体的な用語が多く、日本からは「広がりのある」「深みのある」などの抽象的な用語が多かった。

表７－２　収集されただし評価用語一覧

| 中国 | | 日本 | |
|---|---|---|---|
| 後味(主に話し言葉) | 香り(香气) | しまった味 | くせのある |
| 後味(主に書き言葉) | 塩から味 | 後味 | 油っぽい |
| アルカリ味 | 鶏肉のにおい | 収斂味 | 刺激味 |
| 香り(香) | 発酵臭 | 苦味 | 渋味 |
| 臭気 | 魚のにおい | 温まる感じ | 品がよい |
| 苦味 | 油の劣化臭 | 広がり | すっきりした味 |
| 焦げの風味 | ねぎの匂い | 濃厚感のある | 充実感のある |
| こげる | なまぐさい | 雑味 | 塩味 |
| こげる(北の方言) | いぶした味 | おいしい | シャープ |
| 澄んだ | いぶした風味 | 深み | 魚の匂い |
| 香りが澄んでいる | 刺激味 | 香りがよい | 生臭い |
| のどに残る | 無味 | 味がよい | 肉の匂い |
| 生ぐさい(生臭味) | 酸味 | 油っこい | 乾物臭 |
| 香りがよい | 鶏肉の生臭味 | こってり | 燻煙臭 |
| フレーバーが好い | 魚の匂い生臭味 | 重みがある | 物足りない |
| 油脂味 | 生臭い(腥) | こくがある | 酸味 |
| からみ | えぐ味 | くどい | えぐ味 |
| しびれるようなからみ | 香りが強い | 辛味 | 香りが強い |
| あっさり | 香り | 先味 | 甘味 |
| 金属味 | 甘味 | インパクトのある | まずい |
| まずい | 味の素の味 | | 厚み |
| くせ | 濃い | あっさり | とろみがある |
| ツンとした匂い | 薄い | 淡白 | 薄っぺらな味 |
| しぶみ | うま味 | 金属味 | うま味 |
| すっきり | 木の香り | 調和のとれた | 水っぽい |

表７－３　最終的に評価で選んだ用語（14語）

1. desirable aroma（香りがよい）
2. sweet（甘味）
3. sour（酸味）
4. salty（塩味）
5. umami - savory（うま味－グルタミン酸の味）
6. pucker（渋味）
7. rich and heavy（濃厚感）
8. greasy taste（油っこさ）
9. odd taste（くせ）
10. taste of chicken（鶏肉の味）
11. fishy flavor（生臭み）
12. smoky（薫煙臭）
13. well balanced taste（調和のとれた）
14. aftertaste（後味）

さらに、ディスカッションやアンケート結果を多次元尺度法でグループ分類し、最終的に一四語（表7―3）を選び、これをだしの評価用語とした。

これらの用語を使って官能評価をしてみると、以下のとおりである。

**日本人**は、かつお節だしのほうが鶏湯より、「あぶらっこさ」が弱く、「くせ」が弱く、「なま臭さ」が弱く、「調和」がとれていて、「好ましいだし」であると選んでいた。

一方、**中国人**は、鶏湯のほうがかつお節だしより、「あぶらっこさ」が強く、「くせ」が弱く、「なま臭さ」も弱く、「調和」がとれており、「好ましいだし」であるとしていた。つまり、「好ましい香り」、「くせがない」、「なま臭さが弱い」、「調和がとれている」、「好ましいだし」として、日本人はかつお節だしを選び、中国人は鶏湯を選んだのである。

いい換えれば、日本で特有のだしである「かつお節だし」は、中国人にとって、香りが好ましくなく、くせがあり、なま臭く、調和がとれていない、から好まれなかった。同じだしに対する**日本人と中国人の評価の違い**、このことこそが、まさに背景となる**食文化の違い**にほかならないということであろう。

一方、「鶏湯」に対しては、中国人と評価は異なるものの、日本人も好んでおり、一地域のだしというわけではない。しかし歴史を遡《さかのぼ》れば、すでに江戸時代初期の料理書『合類日用料理抄』、『古今料理集』には鶏のゆで汁を使った鶏飯やにわ鳥汁の記述があり、同じく後期の『卓子式』、『新編異国料理』には異国料理として鶏湯が紹介されている。もともと鶏を食べる習慣がなかった日本で根づくには、長い時間が必要だったということであろう。

昨今の華々しい世界的な日本食ブームのなかで、かつお節だしや昆布だしも少しずつ認知されつつあるようである。とくにかつお節だしは、燻煙臭に馴染みがある食文化をもつ人々、たとえば燻製を食べる欧州の人々にとっては、それほど抵抗がないともきいている。日本のだしの今後の展開が楽しみである。

## 3 「かつお昆布だし」からみえてきた 日本人の嗜好の原点

現代の日本では、中国料理がすっかり普及し、料理のベースとしてもまたスープとしても鶏湯をよく食べるようになった。

それにもかかわらず、中国人と日本人との間で、かつお節だし、鶏湯の評価がこのように対照的だったのは、両国で食べられている鶏湯の成分が異なっている可能性があるのでは？と考え、**呈味成分とにおい成分を比較**してみることにした。

両国の中国料理店でサンプリングした「鶏湯」それぞれ一四種と、日本の「かつお昆布だし」四種について、成分分析値からその比較を行った。サンプリング地域は、日本は、東京と横浜、中国は上海である。

**中国製鶏湯、日本製鶏湯、かつお昆布だし**についで、遊離アミノ酸や核酸関連物質など味にかかわる成分のすべてを分析して、解析した結果を図7—3に示した。第一主成分は、「うま味」の軸で、第二主成分は「甘味を呈するアミノ酸」が向かって右方向に位置している。全試料の分析値を図上にプロットしていくと、中国製鶏湯、日本製鶏湯、かつお昆布だしはそれぞれきれいに別々のグループに分かれた。

さらにおもしろい発見は、日本のかつお昆布だしは、これら中国製鶏湯、日本製鶏湯と異なる場所に位置し、しかも中国製鶏湯よりは日本製鶏湯の近くであったことである。どのような味かといえば、カツオに多く含まれるアミノ酸であるヒスチジン（His）と酸味とうま味を呈するアミノ酸のアスパラギン酸（Asp）が呈味成分として重なっており、イノシン酸（IMP）に近い位置にあった。ある手法を使って調べた結果、これらのグループは、きれいに判別で

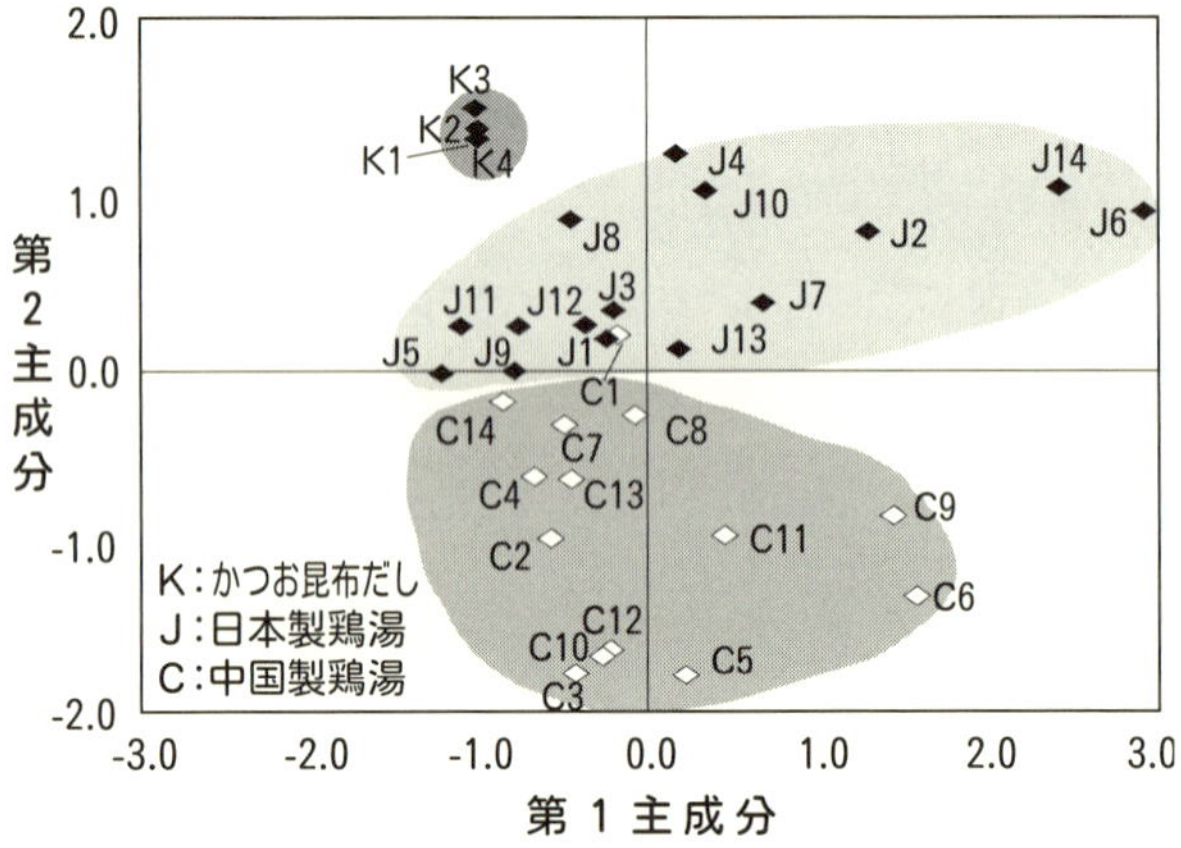


図7－3　呈味成分による主成分分析

きることもわかった。においの成分についても、きれいに判別された。

このことは、いったい何を示唆しているのであろう？

**日本人の好む「日本製鶏湯」は、日本人が古来親しんできた「かつお昆布だしの成分」に近いものであるということである。**

このように、同じ鶏を主とするスープではあるが、日本と中国では、味とにおいがやや異なるものを食べているということが明らかになったのである。

しかも、「日本の鶏湯」の成分は、「かつお昆布だし」に近いものであった。つまり、**中国から鶏湯を受容する際に、そのままの形ではなく、日本古来のだしであるかつお昆布だしに近い形にアレンジしてきた**ことを意味しているといえそうである。長い歴史で培われた嗜好が、食の受容の過程のなかで、大きな役割を果たしていることはたいへん興味深い。

最近、昆布やかつお節、煮干しを入れた秘伝のスープを売りにしているラーメン店に長い行列ができているのもうなずける現象ではないだろうか。だしへの興味はますます深まり、とどまるところがない。

## 引用・参考文献

・河野一世ら：新春誌上座談会「食から見直す日本人の生き方」、食品と容器、**四七**、四〜三八頁、缶詰技術研究会、二〇〇六

# 終章
# 「だし」の未来への提言

調理の楽しさを子どものころから

日本料理のベースであるだしについて、隈なく紹介するつもりで取り組んだが、結局、その魅力に取りつかれたかつお節だしが中心のだしの世界になった。

ことの発端は、筆者自身の、なぜ日本人はカツオを食べ続けてきたのかという単純な疑問から、「かつおフォーラム」を始めたことにある。このフォーラムに参集したカツオに関係する研究者、実践者など多くの方々の、ただならぬ熱の入れように、畏怖《いふ》の念さえ覚え、かつお節やだしとして日本人の食の中核を担ってきた、「カツオ」という魚にすっかり魅せられてしまった。だしの本であるのに、だしにとどまらず原魚の生態や食べ方にまで話が及んだ由縁である。

とくに、日本以外の国や地域と比較したときに、日本のだし文化を陰で支えてきた日本人のものづくりにかける情熱と執念の大きさに圧倒され続けた。このことを次代に伝え、繋げる使命を痛感し、そのひとつとして映像「かつおだし」の制作まで手がけた。

先人が築いてくれた、日本が世界に誇るだし文化を、見直し、育み、世界に発信していくために、以下の三点を提唱したい。

## 1　資源の確保と加工技術の伝承

天然物であればまず、これらが育つ**環境を守ること**は必須であろう。

世界のなかでもきわめて限られた海域でのみ育つ昆布の恩恵に浴してきた私たち日本人は、

その自然環境を守り、昆布採取などの継承に力を注ぐことが責務でもあろう。

かつお節では、その製造工程によっては機械化もかなり進んでいるが、焙乾《ばいかん》などまだまだ人間の勘や経験に頼るところが大きい。鹿児島などでは中国から若者を集めてかつお節製造工程を習得させているようだが、日本が世界に誇るかつお節づくりの加工技術が空洞化しないよう、後継者育成に注力することを切に望む。

## 2 調理の楽しさと食の大切さを幼少期から

お茶の水女子大学の共同プロジェクト研究での味噌汁を例にとったある調査によれば、**子どもたちの食についての関心**は「小学校」で最も高く九二・六%、「中学校」では七五・四%、「高校」では五九・二%と、学齢が高くなるに従って低下傾向にある。さらに踏み込んで、**調理への関心**では、「小学校」で九八・九%、「中学校」で八二・一%、「高校」で六九・四%と、学齢が高くなるに従って低下する傾向は変わらないが、いずれも、**調理への関心は、食への関心を上まわっていた**。

次に、同じ調理を小学生、中学生、高校生、大学生に実習させた結果、洗う、切る、加熱するなどでの**調理の技能は学齢が高くなってもほとんど進歩していない**というショッキングな結果を得ている。さらに、小学校の実習題材であるにもかかわらず、高校一年生が、家庭で味噌汁をつくった回数は、五九人のうちの六〇%近くの三四人が、〇〜三回というきわめて低いものであった。しかも、**当の高校生らが普段ほとんど調理をする時間がないことを悲観的にとらえている**こともわかった。

筆者自身も時々、かつお節やだしの話をする機会があるが、そのなかで、最も熱心に耳を傾け、素朴ながら鋭い質問をぶつけてくるのが、小・中学生や高校生である。彼らの**食への好奇心と関心の高さ**に圧倒されることもしばしばである。

子どもたちが、食べることの周辺に興味をもち、調理をすることに大きな関心を示しているにもかかわらず、現在の社会環境がそれを許さない実態を浮き彫りにした結果であろう。私たち大人《おとな》は、子どもたちの食への潜在的欲求の芽をつむことなく、家庭、地域、企業などが連携して、子どものうちに少しでも、**調理をする機会をつくる仕掛けづくりをする**ことが急務であろう。調理をすることから、自ずと食への関心は広がり、深まっていくことが明らかなのだから。

## 3　だし文化に親しませるのも幼少期から

「わが家の味」の筆頭に「味噌汁」と「肉じゃが」が登場し、味噌汁の食卓での登場頻度がご飯に次ぐ大きな存在であることが、二〇〇五年の味の素㈱の調査から明らかになっている。味噌汁に欠かすことのできない〝だし〟の調査では、「かつお風味を好む地域」が圧倒的に多く五〇%を超え、「煮干・いりこ風味圏」がこれに次ぐ。味噌汁をつくる回数は、地域的に東高西低（東北地方では頻度多くつくられ、西では頻度はそれほど多くない）の傾向はあるものの平均すると約七〇％の家庭でほとんど毎日つくっている。一日のうちでは圧倒的に夕食でつくっているケースが多く、しかも若い主婦ほどその傾向が強い。六〇歳代では時間的ゆとりも出るからか朝食でつくられるようになる。

筆者自身、娘が小さいころ、朝食といえばパン食があたり前だったある朝、ご飯と味噌汁を出したところ「豪華！」と叫ばれてしまい、大いに反省しつつも複雑な気持ちになったことが今でも思い起こされる。ごく最近、これも私事ではあるが、事情があって丸二日間絶食を余儀なくされ、口から食べられない何ともひもじく、情けない思いをした翌日の久しぶりの朝食の味噌スープ（味噌汁の上澄みのみではあったが）のおいしかったこと。おそらく生涯忘れられない味だろう。五臓六腑に染み渡るかつお節だしの風味と味噌のうま味に、思わず、天にも昇る心地で、この味と風味を、まさにからだが欲していたことを実感した。

だしの味と風味は、おそらく幼少期からずっと食べ続けてきたから、体に刷り込まれ、その香りや味に出会うと、懐かしささえ覚えるのであろう。生まれたてのネズミにかつお節だしの風味を覚えさせるとやみつきになるという伏木亨らの研究結果もある。「離乳食は、だしの効いた味噌汁で」を、大いに提唱したいところである。

## さいごに

**一汁三菜**といういわゆる「日本食の基礎」は、室町時代に築かれたといわれており、味噌汁やだしもこの時代に登場している。「味噌」と「だし」の組み合わせは、大豆由来の**植物性うま味成分**とかつお節や煮干し由来の**動物性うま味成分**の**相乗効果**で人々の嗜好を充分満足させるものであったと思われる。そしてさらに、うま味のきいた**「味噌汁」と「ご飯」の組み合わせ**は、米に唯一足りない〝必須アミノ酸のリジン〟を、大豆が原料の味噌で補う形で食べてきたという意味で、**栄養学的にも理にかなった誇るべき食文化**といえるであろう。

日本人の食を支えてきた「だし文化」は、〝ご飯と汁物と副菜〟という食事形態のなかで、**日本人の嗜好を満足させてきたと同時に体にもよかったからこそ何百年も食べ継がれてきた**のである。まず、私たち日本人がこのことを再認識すべきであろう。

日本人は、外からの食文化を受容する際にも、かつお昆布だしに近づけた味と風味の「新しい日本型料理」にしてしまうことは、すでに述べた。

グローバル化が進む現代、その波を押しのけるのではなく、上手にとり入れて、日本の伝統的だしの味に近づけつつ、**新しい味の世界**をつくり上げてしまう、日本人の食への柔軟性としたたかさに今後も大いに期待したい。

## ●全般にかかわる参考文献●


・畑江敬子：調理の基礎と科学、朝倉書店、七七〜九五頁、一九九三

・河野一世：かつお節とかつお節だしに関する調理科学的・食文化的考察、調理科学、総説 **四一**、二〜一〇、二〇〇八

・河野一世：かつお節だしに関する調理科学的・食文化的研究、学位論文（お茶の水女子大学）、二〇〇四

## 付表　かつお節だしと昆布だしの年表

| 時代 | 西暦 | かつお節だし | かつお節の水に対する割合 | かつお節製造 | 西暦 | 昆布だしほか |
| --- | --- | --- | --- | --- | --- | --- |
| 奈良 | 七一八 | 堅魚・煮堅魚・堅魚煎汁が重要貢納品に指定『養老律令』 | | 堅魚煎汁　堅魚　煮堅魚 | | |
| 平安 | 九二七 | 堅魚製品の貢納国十カ国『延喜式』 | | | 九二七 | 陸奥の国より貢納された『延喜式』 |
| | 九三五 | 堅魚煎汁を、調味料として使用『倭名類聚抄』 | | | 九三五 | コンブは「可食」『倭名類聚抄』 |
| 鎌倉 | 一三〇〇 | 堅魚を酒に浸し、その汁であえる『厨事類記』 | | | | |
| | 一三四二 | モルディブではすでにかつお節を製造『三大陸周遊記』 | | | | |
| 室町 | 一四八九 | 「カツホ」「花鰹」の文字『四条流庖丁書』 | | 鰹節 | | |
| | 一五一三 | 「かつほぶし」の文字『種子島家譜』 | | | | |
| 戦国 | 一五三五 | 「削った鰹節を布袋に入れ、白水（米のとぎ汁）でにだす」『大草殿より相伝之聞書』 | | 荒節 | | |
| 安土桃山 | | | | | | |

江戸 ／ 明治 ／ 大正 ／ 昭和

一六四三 「だし」が通常用語となる 『料理物語』

一六六八 かつお節と昆布の混合だし 『料理塩梅集』

この頃 本枯節完成（伊豆・田子）か

一八九四 通常の清汁は「かつお節だし」。上等にするときは昆布との混合だし 『年中惣菜の仕方』

一九二八 かつおだしとして混合だし紹介 『日本料理のおいしい拵え方』

一九六四 風味調味料発売

一九六九 パック詰め削り節発売

30% → 15% → 7〜14% → 5% → 3〜4%

枯節（青枯節）

本枯節

一六四三 かんぴょう、こんぶ、干大根などを精進だし素材として 『料理物語』

一六九七 昆布を縁起ものとして 『本朝食鑑』

一七一二 「昆布の煮汁甚だ甜し。鰹の煮汁に比すべし」 『和漢三才図会』

一九〇九 うま味調味料発売

# あとがき

私が味の素株式会社に入社して間もなく和風だしの素「ほんだし」が発売されました。以来、「ほんだし」が家庭や外食産業に普及し定着していくのを眼のあたりにし、日本人の〝かつおの味と風味への強い執着〟を肌で感じてきました。

二〇〇二年に母校の畑江敬子先生の薦めで「食文化」に関する研究を始めることになったとき、真っ先に浮かんだテーマが〝なぜ日本人はかつお節だしが好きなのか〟でした。以来「かつお節だしの科学と文化」の研究に取り組み、「かつおフォーラム」の開催やかつお節だしに関する映像制作も手がけることになりました。

このたびの出版では、だし全体に話を広げようということになりましたが、力不足から壁に何度もぶつかり、悩み苦しみました。その都度、本当に多くの先生方、関係の方々に励まされ、貴重なアドバイスをいただいてきました。一人では決してなし得なかったことです。

本書出版の機会を作ってくださった日本調理科学会刊行委員会の先生方に深く感謝申しあげます。また、二〇〇二年以来、私の研究をずっと陰から支えてくださった大茂健二郎

## な行



## は行



## ま行

## さ行



## た行

# さくいん

## あ行



## か行

# 「クッカリーサイエンス」刊行にあたって

私たちは毎日、調理をした食べ物を食べているにもかかわらず、「調理科学」という学問分野が世に生まれたのは、第二次世界大戦後のことである。一九四九（昭和二四）年に大学で〝調理学〟あるいは〝調理科学〟の授業が行われ始めた。一九六〇（昭和三五）年には「調理科学懇談会」として、一九六七（昭和四二）年には「調理科学研究会」が学会の体制を整え、さらに一九八四（昭和五九）年に「日本調理科学会」と名称を改め、調理に関する科学的研究の推進を目的とした学会が発足した。「調理科学」という、これまでになかった新しい学問分野は、よちよち歩きから大きく成長し、学会発足から四〇周年を迎えた。

人はだれでも食べ物を食べて栄養素をとり入れ、生命を維持しているが、食べ物はそれだけにとどまるものではない。たとえば、生活の楽しみとなり、会話をはずませて共に食べる人との連帯感を強め、食の文化を継承させていくなど、さまざまな役割を果たしているのである。

調理科学がとり扱う分野はこのような食生活にかかわりのある、献立をたて、食品材料を集め、調理操作を加え、食卓にのせるまでのきわめて幅広い領域を研究対象としている。この間の調理過程における化学的、物理的、組織学的変化をとらえること、味、香りやテクスチャーの評価、食文化までもが含まれている。日本調理科学会の会員は、それぞれの分野で独自の研究を深め、幅広い分野で生活に密着した興味深い研究を行っている。その成果を社会に発信することは、学会の社会的貢献としての重要な役割であると考えている。

創立四〇周年を契機として、日本調理科学会員の研究成果のそれぞれを一冊ずつにまとめ、高校生、大学生、一般の方々に、わかりやすく情報提供することを目的として、このシリーズを企画した。生活と密接に関連のある調理科学がこんなにおもしろいものであることを知っていただき、この分野の研究がいっそう盛んになり、発展につながることを願っている。

二〇〇九（平成二一）年

日本調理科学会刊行委員会　委員長　畑江敬子

江原絢子

大越ひろ

下村道子

高橋節子

的場輝佳

著　者
河　野　一　世（こうの・かずよ）

■1946年生まれ。神奈川県出身。
■1969年　お茶の水女子大学家政学部食物学科卒業
■味の素株式会社 中央研究所，本社広報部，(財)味の素 食の文化センター（専務理事）に勤務。
現 大妻女子大学家政学部，共立女子短期大学非常勤講師
■学術博士（お茶の水女子大学）
■日本調理科学会理事

クッカリーサイエンス002
**だしの秘密** －みえてきた日本人の嗜好の原点－

2009年（平成21年）9月25日　初 版 発 行
2012年（平成24年）8月20日　第2刷発行

監　修　日本調理科学会
著　者　河　野　一　世
発行者　筑　紫　恒　男
発行所　株式会社 建 帛 社 KENPAKUSHA

112-0011 東京都文京区千石4丁目2番15号
TEL (03) 3944－2611
FAX (03) 3946－4377
http://www.kenpakusha.co.jp/

ISBN 978-4-7679-6144-6　C3077
協同印刷／田部井手帳
Printed in Japan

（定価はカバーに表示してあります）